Cyber security

Cybersecurity to Protect the Way of Our Digital Life

サイバーセキュリティ

組織を脅威から守る戦略・人材・インテリジェンス

NTT チーフ・サイバーセキュリティ・ストラテジスト
松原実穂子 Mihoko Matsubara

新潮社

まえがき

ＩＴ（情報技術）のお陰で、私たちの生活は本当に便利になりました。コンピュータ、携帯電話、インターネット、スマートフォンで使う様々なアプリなど、ＩＴインフラの整備・拡大に伴い、サービスも情報もお金も、国境を越えて瞬時にやり取りできるようになったのです。

一方で、国境を越えて繋がるＩＴを悪用したサイバー攻撃も蔓延《まんえん》するようになりました。「サイバー」とは、「コンピュータやＩＴの」または「コンピュータやＩＴに関連する」という意味です。「サイバー攻撃」を行う犯罪集団や国家は、ＩＴを使うことで、自ら国境を越えて相手の建物の中に入り込まなくても、最新技術や安全保障上の情報を盗めるようになりました。今や工場や発電所のほとんどはコンピュータ制御され、ネットワークに繋がっており、サイバー攻撃で運用や業務を止めることさえ可能となったのです。

同じ「犯罪」といっても、サイバー犯罪が空き巣や強盗などのアナログ犯罪と大きく異なるのは、割れた窓ガラスや足跡といった肉眼で見える形跡が残りにくいところです。被害が外から目に見えれば、私たちの間で危機感が芽生え、法整備を含めた対策が進みやすくなります。視覚で捉えられる被害が出るとは限らないサイバー犯罪の場合、そもそも問題があることにさえ気付きにくく、なかなか危機感が募らないのです。

また従来の戦争であれば、使われた武器やミサイル、生物化学兵器の種類、破壊された建物や死傷者の数など、被害に関する具体的な情報と惨《むご》たらしい現場の映像が報じられます。事態改善のため、国家間の議論や国際法の整備を進める機運も高まるでしょう。

対照的に、最先端技術の情報や事業戦略を盗むサイバー攻撃であれば、万人にとって一見して分かりやすい被害が「攻撃」で出るとは限りません。被害が可視化されず、メディアにも報じられず、サイバー攻撃は他人事として放置され、サイバーセキュリティ対策が進まないという悪循環が続きかねないのです。

しかも巧妙なサイバー攻撃であれば、被害に気付くまでに数カ月かかり、被害がその間にどんどん拡大します。被害に気付いても、攻撃者が誰か身元を特定できるとは限りません。身元を特定できたとしても、犯人が海外にいれば逮捕は難しくなります。仮に逮捕できた場合でも、進化を続けるサイバー攻撃の実態に追いついた法が整備されていなければ、被害の大きさと処罰とのバランスが取れません。

サイバー攻撃やサイバーセキュリティに関するもう一つの大きな問題は、関連する記事や説明に使われる用語の多くが日本語に翻訳されていないことです。アルファベットの略語やカタカナで表記された英語の羅列を見せられても、専門知識のない一般人には意味が摑みにくいのは当然です。日本語でイメージできないが故に、サイバー攻撃の実態を正確に把握できません。脅威の現状やその切実性が実感できなければ、対策の必要性すら理解できず、対策を強く求める声が広く一般から上がる訳がありません。

法律もルールも無視してサイバー攻撃の高度化と成功を最優先し、臨機応変に攻撃を仕掛けられる攻撃者と対照的に、守る側は予算の執行サイクルに合わせて製品やサービスを導入し、法律とルールの範囲内で対抗せざるを得ません。ただでさえ柔軟性に欠け、対策が後手後手になる守り手です。攻撃や被害の深刻さについてトップが理解しなければ、組織を挙げての対策強化に繋がるはずがありません。

一日に生まれる新たなコンピュータウイルスの種類は、二〇一五年時点で平均百十八万弱(米サイバーセキュリティ企業・シマンテックの報告書)にも及んでいます。政府や企業を守るためサイバーセキュリティの前線で日々戦っている人たちの負担は、増大の一途を辿っています。にもかかわらず、サイバーセキュリティについて理解しようともせず、サイバー攻撃への対策を放置し、予算を割かない組織もあるのが現状です。

しかし、私たちの日常生活やビジネス活動がこれだけＩＴに依存するようになった今、日々の安心安全を守るには、サイバーセキュリティが不可欠なのは論をまちません。世界第三位の経済大国である日本は、金銭的にも、最先端技術に関する情報においても、サイバー攻撃上の格好の標的です。

サイバー攻撃者の中にはスパイと情報戦のプロである海外政府の情報機関も含まれ、民間企業から最新技術や金を盗み、ソーシャル・ネットワーキング・サービス（SNS）を悪用して世論や選挙結果の操作を画策しています。ところが日本では、対抗する情報機関の規模が他国と比べて小さい上、何とスパイ活動を取り締まるスパイ防止法さえ存在していないお粗末さです。情報機関が何かも知らない人がほとんどでしょう。スパイが国家機密を盗む行為を防ぐことを目指し、一九八五年に自民党が議員立法としてスパイ防止法案を衆議院に提出したものの、国民の知る権利や報道の自由への侵害に対する懸念が野党から指摘され、結局、廃案となりました。

ですが、ＩＴの普及を受け、スパイと情報戦の様相は大きく変わりました。世界が直面している脅威は激変しており、今一度、日本がサイバー攻撃、スパイや情報戦にどう対峙すべきか考え直す時期に来ているのではないでしょうか。

サイバーセキュリティで不可欠なのが、「サイバー脅威インテリジェンス」です。「インテリジェンス」には、知性、知能の他、情報や諜報という意味があります。サイバーセキュリティを考える上でのインテリジェンスとは、様々な情報源から断片的なデータを集めて文脈の繋がった情報（インフォメーション）にし、さらに吟味して総合的分析を加え、次に取るべき行動について意思決定するための判断材料となるものです。ＩＴ（情報技術）という用語にも使われる「情報（インフォメーション）」は、裏付けのない断片情報も含まれ、比較的どこでも入手できます。しかしインテリジェンスはインフォメーションを集めて、様々な人の知見と分析を加え、特定の人々の意思決定に役立てようとしている分、量が限られる反面、価値は高まります。
「サイバー脅威インテリジェンス」はまた、大きな視野に立って、サイバー攻撃や攻撃者という脅威についての全体像を守る側に示し、現場の技術者たちが今すぐに取るべき技術的な対策や、経営層が検討すべき事業戦略上の留意点を教えてくれるものでもあります。これをサービスとしてレポートやポータルサイトで提供するサイバーセキュリティ企業も存在します。

サイバー攻撃の手法や攻撃者について知って初めて、組織は最適な防御策を取ることができるのです。少しでも侵入が成功する確率を下げ、たとえ一カ所の守りを攻撃者に突破されたとしても、被害の拡大を最小限に留められるように、そして攻撃者の侵入をなるべく早く見つけられるようにすることが必要です。まるで城壁や堀に囲まれた城砦《じょうさい》のように、幾重にも守りを固める「多層防御」を進めなければなりません。

ＩＴを使う限り永遠に続く攻撃者との戦いにおいて、守る側はどうしても疲弊します。そして、自分たちのサイバーセキュリティ対策が自己満足に終わっていないか確かめるだけの余裕がなくなりがちです。一〇〇％完璧な防御はあり得ない以上、敢えて攻撃者の視点に立って自らのサイバーセキュリティ対策を見直さない限り、場当たり的なものに終わり、遅かれ早かれ盲点を突かれ、サイバー攻撃の被害を受けてしまうでしょう。しかも、被害に数カ月もの間、気付かないかもしれません。

私がこの本を書くに至った理由は、日本がこれまで培ってきた、日本を日本たらしめている国柄、民主主義、経済力、知見、安心安全が、姿の見えない卑怯卑劣な攻撃者に盗まれ放題、操作され放題になっては絶対にならないと思うからです。そのような事態を防ぐには、サイバー攻撃の実情とサイバーセキュリティについて一般の方々にも理解して頂き、防御態勢や人材を支えて頂くことが不可欠です。

皆さんにサイバー攻撃について具体的なイメージを持って頂くため、まず第一章では、世界各地で発生している、国家は勿論、知らぬ間に企業や個人をも巻き込むサイバー攻撃の事例を見ていきます。第二章では、インテリジェンスのプロである政府の情報機関など、攻撃者の実像を浮き彫りにします。一般にあまり馴染みがないであろう攻撃者の視点に立ち、彼らがどのような戦略の下、どのような教育を受け、生活し、国境を跨《また》いで様々な活動に関わっているのかを紹介します。第三章では、逆に守る側の人々はどういう態勢で日々攻撃者と戦い、防御を固めているのかについてスポットライトを当てました。彼らの置かれている環境の厳しさについてもお分かり頂けたらと思います。第四章は、サイバー攻撃に対抗する上での技術的・戦略的知恵を与えてくれる「サイバー脅威インテリジェンス」について説明します。最後に第五章では、「多層防御」というサイバー攻撃に対処する上での基礎的な考え方や、自組織のサイバーセキュリティを高める上でどのようにリスクを可視化すべきかについて解説しました。

私は、二十年近く、政府、シンクタンク、企業で安全保障とサイバーセキュリティに携わり、理系・技術系の出身ではないからこそ、専門でない人にも理解できる考え方の共有に努めてきました。本書では、読者としてサイバーセキュリティを専門としていらっしゃらない方も念頭に置き、技術的な専門用語はなるべく排しながら、組織が今後、サイバー攻撃や攻撃者にどのように対峙すれば良いのかを示しました。理系・文系にかかわらず、「サイバー攻撃やサイバーセキュリティは実はこんなに身近だったんだ」と感じ、「守りの最前線に立っているサイバーセキュリティ人材を応援したい」と思って頂けたら、これほど嬉しいことはありません。

目次

サイバーセキュリティ　組織を脅威から守る戦略・人材・インテリジェンス

第二章「闇の攻撃者」の正体 71

装幀　新潮社装幀室

サイバーセキュリティ　組織を脅威から守る戦略・人材・インテリジェンス

第一章　企業や国家を直撃するサイバー攻撃の実例

三兆ドル（三三〇兆円＝一ドル一一〇円で換算。以下同）。これは、米国のサイバーセキュリティ企業のサイバーセキュリティ・ベンチャーズが推計した、世界が直面するサイバー犯罪の二〇一五年の年間被害額です。そのわずか一年後には、二一年までに倍の六兆ドル（六六〇兆円）になると予想しています。日本の一七年度の実質ＧＤＰ（国内総生産）の五三二兆円よりも大きい金額であることを鑑《かんが》みると、いかにサイバー攻撃の被害が膨大なものであるかお分かり頂けるかと思います。

被害額に含まれるのは、データの破壊、盗まれたお金の額、生産性の低下、知的財産や個人情報の窃《せっ》取《しゅ》、横領、通常業務の中断などの被害の他、サイバー攻撃に関する調査、侵入されたデータやシステムの復旧や削除にかかった費用、風評被害などです。

世界第三位の経済大国である日本の持つ知的財産やお金は、攻撃者にとって垂涎《すいぜん》の的です。それ故、図表１－１で示したように、重要な情報を盗もうとする標的型メール攻撃において日本が世界第三位の標的となっているのも頷けます。

図表1-1　2015〜2017年の標的型メール攻撃の主要被害国

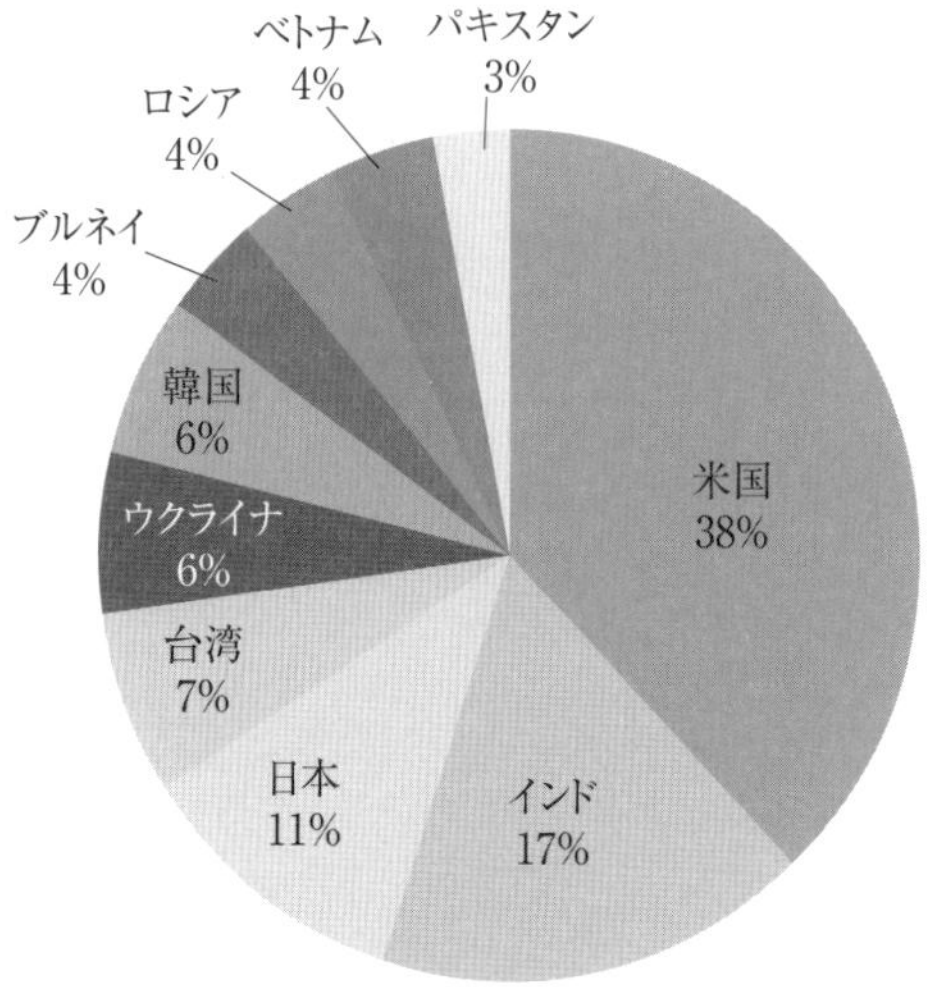

出典：https://us.norton.com/internetsecurity-emerging-threats-10-facts-about-todays-cybersecurity-landscape-that-you-should-know.html

企業が気を付けなければいけないサイバー攻撃とは、自社の事業計画や知的財産、顧客・社員に関する情報が盗まれたり、工場の運用や業務が停止させられたりすることです。こうした被害が発生すると、企業の評判に傷がつき、競争力が低下します。中には、社長が更迭されたり、経営破綻に追い込まれた例さえありました。

第一章では、企業や国家が直面している具体的な攻撃事例をお見せします。どういう被害が起きているかだけでなく、なぜ組織が被害やその拡大を食い止められなかったのか、どうするべきだったのかも確認しましょう。

事業計画が盗まれ経営破綻

サイバー攻撃で知的財産や事業計画が盗まれたことが大きな要因となり、経営破綻に追い込まれたと見られている企業に、カナダの通信機器メーカー大手のノーテル・ネットワークスがあります。市場における競争力の低下などにより、二〇〇九年一月に経営破綻した同社は、少なくとも二〇〇〇年から十年弱にわたって、おそらく中国からのサイバー攻撃を受けていました。どのように侵入されたのかは報じられていません。被害を悪化させた理由は、サイバー攻撃を受けていることに気付いた後も、同社がその対策をほとんど取らなかったことでした。

〇四年頃、サイバー攻撃が最初に発覚したきっかけは、カナダの経営幹部が普段であればアクセスしないような英国の資料をダウンロードしているのに、英国の社員が気付いたことでした。調べたところ、ダウンロードしていたのは幹部自身ではなく、外部の第三者に幹部のアカウントが乗っ取られていたことが分かったのです。

内部調査の結果、同社の最高経営責任者（ＣＥＯ）を含む経営陣からパスワード七つが盗まれていました。攻撃者がＣＥＯをはじめとする経営幹部を狙ったのは、経営に直結する機密情報へアクセスしたかったからです。攻撃者は、ＣＥＯらのアカウントを乗っ取り、技術文書、研究開発に関する報告書、事業計画、社員のメールなどをさらに盗んでいました。

社内のシステムの乗っ取りを残念ながら許してしまったのは、ノーテルの社内ネットワークがほとんどサイバーセキュリティ対策を取っていなかったためでした。その隙をついた攻撃者は、社内の複数のコンピュータから機密情報を上海のＩＰアドレスのサーバーへ定期的に送信していました。

二〇〇四年のサイバー攻撃発覚後、内部調査は半年近く続いたものの、あまり手がかりが得られないまま調査は打ち切られてしまいました。内部調査に関わったノーテルのセキュリティ部長は、社内のネットワークを守るためのサイバーセキュリティ対策を取るよう経営陣に進言しました。ところが、ノーテルはパスワードを替えただけで、それ以上の対策は取らず、攻撃者が情報を盗み続ける足がかりを社内のネットワークに残すことを許してしまったのです。実際、その後もサイバー攻撃は数年間続きました。このセキュリティ部長は追加調査をして自らの見解を経営陣に報告しましたが、聞き入れられることはなかったのです。

サイバー攻撃被害との直接の因果関係は証明されていませんが、ノーテルの経営は次第に行き詰まり、資産の売却やこのセキュリティ部長を含む社員の解雇が始まりました。同部長は、サイバー攻撃で盗まれた事業計画や製品情報が競合他社に漏れ、その情報が相手に優利に働いたのではないかと疑っています。

この事件については、発覚から実に八年も過ぎてようやく、二〇一二年二月に米紙ウォール・ストリート・ジャーナルが詳しく報じ、その後、他のマスコミも大きく扱いました。〇五〜〇九年当時の同社のＣＥＯは、ウォール・ストリート・ジャーナル紙のインタビューに対し、「ハッキングがそこまで問題だとは思わなかった」と答えています。

セキュリティ部長は、このサイバー攻撃を仕掛けたのは中国だと主張しましたが、カナダの中国大使館は直ちにそれを否定し、中国政府はハッキング行為を厳しく禁じていると反論しています。ただし、二〇一九年五月、米ワシントンDCの有力シンクタンク「戦略国際問題研究所」のサイバーセキュリティ専門家ジェームズ・ルイス博士は、上院司法委員会の公聴会で、「中国による知的財産の窃取がノーテルの破産に大きく寄与した」と証言しました。

このサイバー攻撃に関心が集まったもう一つの理由は、グーグルの他、石油業界、エネルギー業界などの米国企業や米国政府が中国からサイバー攻撃を受け、情報が盗まれているとウォール・ストリート・ジャーナルの報道の三カ月前の二〇一一年十一月にも報じられていたことです。中国政府は否定しましたが、中国政府が背後にいると見られるハッカーグループが当時少なくとも十二あり、こうしたサイバー攻撃による情報窃取に関与していると複数の米国のサイバーセキュリティ企業が指摘しました。ちなみに、ハッカーという言葉は、一九五〇年代に「独創的な方法で色々試して問題を解決する人」という前向きな意味で生まれました。しかし、六〇年代になると、コンピュータ技術の知識を悪用する人という意味も加わり、今ではサイバー攻撃者と同義に捉えられがちです。

ノーテルの事例が示すように、サイバー攻撃を受けた組織はいくつも難しい問題を乗り越えなければなりません。まず、サイバー攻撃による被害に気付くのに時間がかかります。米サイバーセキュリティ企業のファイア・アイによると、二〇一八年時点で、攻撃者に侵入されてから被害者がそれに気付くまでにかかった時間は、世界平均で七十八日間、アジア太平洋地域の平均で二百四日間でした。気付くのが遅れれば遅れるほど、情報流出など被害が拡大します。

しかし、被害に気付いたとしても、ノーテルのように取るべきセキュリティ対策を遂行せず、さらに被害が広がることもあります。攻撃者が誰か身元が特定できなければ、指名手配できません。指名手配しても、犯人が海外にいれば逮捕が難しくなります。逮捕できた場合も、その時の法制度がサイバー攻撃の実態に即したものになっていなければ、後でご紹介するエストニアの事例のように、罰則と被害とのバランスが取れていない判決になってしまうかもしれません。また、被害国の政府が非難声明、起訴、経済制裁に踏み切れば、名指しされた国は関与を否定し、二国間の関係が悪化するでしょう。

CEO解雇に至った「デジタル版振り込め詐欺」

ご自分が会社の財務担当者だと想像してみましょう。ある日突然、社長から直接、緊急と題したメールが送られてきました。「至急、○○買収案件のため、極秘扱いで○○口座に入金してほしい」と命じられたなら、どう対応しますか?

このメールは、二〇一三年以降、世界的に問題になっている振り込め詐欺のメールかもしれません。なりすましメールを財務担当者に送り、犯罪者たちが管理する口座へ多額の送金をさせることを「ビジネスメール詐欺」と呼びます。被害額は数千万円から数億円です。なりすます相手は、社長や取引先の担当者、顧問契約を結んでいる弁護士などです。いずれも大きな権限を持っており、多額の支払いを急に求められても不信感を持たれないような人物が選ばれます。

よく使われる口実には、「極秘の買収案件のため、至急振り込んで欲しい」「技術的な問題が発生したため、従来使っている口座が使えなくなった。至急、こちらの口座に振り込んで欲しい」などがあります。いずれも、緊急性を前面に押し出し、相手に考える余裕を与えないようにするのが特徴です。

ビジネスメール詐欺の被害総額は、二〇一三年十月から一八年五月の間に通報されたものだけでも一二五億ドル（一兆三七五〇億円）、件数は七万八千六百十七件にも及んでいます。一七年だけで、被害額は六億七五〇〇万ドル（七四二・五億円）にも上ったと一八年五月のＦＢＩ（米連邦捜査局）のレポートにはあります。モザンビークの一八年の名目ＧＤＰが一四四億ドル（一兆五八四〇億円）ですので、ビジネスメール詐欺の被害は一国の経済にも相当する金額にまで膨れ上がっており、それだけ「犯罪ビジネス」が拡大していることを意味します。

海外では、ビジネスメール詐欺の被害に遭った企業がＣＥＯを解雇する事例も起きています。例えば、二〇一六年一月、オーストリアの航空機部品会社ＦＡＣＣの財務担当者は、ＣＥＯから買収のための振り込みを命ずる緊急メールを受け取り、四二〇〇万ユーロ（五〇億四〇〇〇万円＝一ユーロ一二〇円で換算。以下同）を送金しました。

ところが送金した後で、偽メールであったことが判明したのです。同社は、直ちに措置を講じ、振込先の口座から一〇九〇万ユーロ（一三億八〇〇万円）を取り戻すことができました。しかし、残りの金は煙のように消えてしまったのです。

一カ月後の一六年二月、同社は、最高財務責任者（ＣＦＯ）を解雇しました。そのさらに三カ月後の五月、監査役会は、十四時間にわたる議論の後、その詳細は公表しなかったものの、十七年在職したＣＥＯを「職務を著しく怠った」との理由で即日解雇しています。

日本では、海外よりも数年遅れで二〇一五年ごろからビジネスメール詐欺の被害が確認されています。一七年十二月に日本航空が三億八〇〇〇万円の被害を出しましたが、この事件で使われたのは、取引先である海外の金融会社の担当者を名乗る人物から送られた航空機リース料の支払いを求める偽の請求書メールでした。

従来、日本企業に対するビジネスメール詐欺は全て英語で行われていました。つまり、今まで日本で狙われていたのは、海外との取引があり、英語のメールが送られてきてもおかしくないような企業に限られていたのです。ところが、一八年八月に日本語で書かれたビジネスメール詐欺が初めて確認されました。これからは、国内でしかビジネス取引のない一般企業であっても、日本語のビジネスメール詐欺の標的になる可能性があるため、日本企業の被害が増大する恐れがあります。

ここで、ビジネスメール詐欺の手順を確認しましょう。

攻撃者は、まず、標的企業のネットワークに侵入し、請求書関連のやりとりを誰がどのような文言で行なっているのかをじっくり観察します。その会社での支払い手続きの流れを理解した上で、乗っ取ったメールアドレスまたは実在のものに似せたメールアドレスから財務担当者にメールを送付します。例えば、正規のメールアドレスが「company@nihon.com」である場合、「company@n1h0n.com」や「company@freemail.com」のように、アルファベットの「I」を数字の「1」、アルファベットの「O」を数字の「0」に替えたアドレスや、本来なら業務で使われるはずのないフリーメールアドレスから送るのです。ただし、メールの送信元が知り合いからのように見えても、偽装されていることもあるので、メールアドレスのチェックだけではサイバーセキュリティは万全とは言えません。

さらに攻撃者は、標的企業のウェブサイトで組織構成、役員の名前や肩書き、業務スケジュールを調べます。その上でCEOや役員のフェイスブックやツイッター、リンクトインなどSNSのアカウントを見て、仕事内容や家族構成に関する情報を収集します。そしてCEOなど標的の企業に影響力のある人物が書きそうな文章や書式でメールや請求書を送りつけるのです。しかも、メールの件名に「至急」や「緊急」という言葉を入れて、相手に時間的プレッシャーをかけ、考える余裕を与えないようにします。

立場、緊急性といった要素が重なり合って、なりすましメールとは一見なかなか気付きにくいものですが、振込先が急に変更されていないか、文面やメールに使われているフォントがいつものものと違っていないかには十分留意して下さい。なりすましメールを受け取っても、振り込みを回避できた企業は、そうした点に気付いたからこそ騙されなかったのです。

ここで大切なのは、アナログな作業ではありますが、電話での振込先への確認作業です。メールシステムが乗っ取られている可能性があるため、メールで確認しても、回答してくる相手は攻撃者の可能性があります。だからこそ、メールとは別の連絡手段である電話を使わなくてはならないのです。ビジネスメール詐欺を防ぐためのポイントを図表1－2にまとめましたので、ご参照下さい。

ただし、電話がかかってきたら、そのまま信じて良い訳ではありません。人工知能（AI）で合成された経営層の偽の声を使って大量の送金を命じる事案が出ているからです。二〇一九年八月三十日付のウォール・ストリート・ジャーナル紙の報道によると、英国のエネルギー会社のＣＥＯがドイツの親会社のＣＥＯからの命令だと思ってだまされ、二二万ユーロ（二六四〇万円）も盗まれる被害に遭いました。かかってきた電話から聞こえた声は、ご丁寧にドイツ語なまりで本人そっくりだったそうです。

攻撃者は守り手の思考の隙をついた手法をどんどん試してきます。だからこそ、財務関係者にビジネスメール詐欺の研修を実施し、サイバー攻撃の手口を知ってもらわなければなりません。そして多額の送金には複数名による承認がいるようにして、急に振込先の変更を依頼するメールが来たとき、「変だな」と誰かが気付ける仕組みが必要です。

しかし、問題は間違った振り込みを防ぐことだけに留まりません。ビジネスメール詐欺のメールを受け取ったということは、既にその時点で、攻撃者は支払いや取引先情報など内部データを相当量盗み、どういうタイミングでどういうメールを送れば、相手が信じて送金す

図表1-2　ビジネスメール詐欺を防ぐためのポイント

事前対策	・多層防御 ・パスワード対策 ・外部から受け取ったメールアドレスを内部のものと区別して表示 ・財務関係者への研修 ・送金承認プロセスの見直し
メールの受信時	・電話確認 ・送信元メールアドレス、メール文面にいつものやり取りで使われているフォントと異なるものを使っていないか確認
事後の被害確認	・サイバー脅威インテリジェンスサービス（自社から盗まれた機密情報がダークウェブで売られていないかの確認）

るかを把握しているということです。社長やCEO、他の経営幹部のメールも乗っ取っているかもしれません。

さらに攻撃者の視点で見ると、「これだけ手間暇かけて盗んだ情報を単にビジネスメール詐欺のためだけに使うのは、もったいない」と考えている可能性があります。実際、他の犯罪者にダークウェブで情報を売ることもあるので、同じ被害者が二重に被害を受けてしまうこともあります。ダークウェブとは、司法の手から逃れるために特別な認証やソフトウェアがないとアクセスできず、薬物や武器、売春など違法な取引が行われているブラックマーケットのウエブサイトです。普通にネット検索したのでは見つかりません。

ダークウェブでのサイバー攻撃者たちの活動の詳細については、第二章で説明しますが、ダークウェブには、ハッキングされた企業のメールアドレスとハッキングするための情報を例えば五〇〇〇ドル（五五万円）で買おうとする人たちがいます。この情報があれば、さらに被害者企業から情報を盗み取り、その情報を悪用して稼げるからこその値段です。

ビジネスメール詐欺に遭った場合、被害が拡大しないようにするには、ダークウェブに自分の組織に関する情報が出ていないか確認する必要があります。しかし、一般企業にはその作業は困難です。そこで、ダークウェブを専門に扱うサイバー脅威インテリジェンスと呼ばれるサービスを使う手があります。サイバー脅威インテリジェンスについては第四章で詳述します。

残念ながら、ビジネスメール詐欺はこれからも金銭目的の攻撃者が仕掛け続け、巧妙化の一途を辿るでしょう。だからこそ、標的となる財務担当者のリテラシー教育と企業のサイバー防衛の強化が求められます。

盗まれる個人情報のお値段

攻撃者にとって、個人情報はブラックマーケットで売買できる金の卵であると同時に、さらなるスパイ活動の標的を絞り込むための手がかりになるものです。だからこそ、二〇一五年の日本年金機構の百二十五万件の個人情報流出事件や、翌年のＪＴＢの六百七十九万人分の個人情報流出事案に見られるように、大量の個人情報が狙われています。

二〇一七年時点でのブラックマーケットにおける個人情報の値段は、社会保障番号は一ドル（一一〇円）、クレジットカード情報は五〜一一〇ドル（五五〇〜一万二一〇〇円）でした。クレジットカードの裏に付いている三桁のセキュリティコードや銀行情報がわかっているかによって、情報の値段が変わります。運転免許証が二〇ドル（二二〇〇円）、卒業証書が一〇〇〜四〇〇ドル（一万一〇〇〇〜四万四〇〇〇円）、医療情報は一〜一〇〇〇ドル（一一〇〜一一万円）です。

個人情報を盗む目的と被害例は図表1－3にまとめましたので、ご参照下さい。

氏名や住所、電話番号、メールアドレスなどの個人情報が盗まれれば、二〇一四年に起きたベネッセの三千五百四万件の個人情報流出事案のように、ダイレクトメールや電話による勧誘が起こり得ます。クレジットカード情報であれば、本人になりすまして勝手に買い物をされかねません。また、どこに行って何をしているのかという位置や活動情報は、ストーカー行為や妨害活動の対象にされる可能性があります。

医療や健康に関する情報が高値で取引される理由は、クレジットカードの番号と違って、それぞれの人に固有である病歴や医療に関する情報は変えることができず、恒久的に悪用できるからです。例えば、病院や保険会社が持っているデータベースには、名前、住んでいる場所、勤務先、通院歴、処方薬、自分や家族、親族の病歴など、他人に知られたくないような個人情報が入っています。また、その情報が盗まれ、偽のＩＤを作られてしまうと、高額の薬や医療機器を購入されたり、保険会社に架空請求がなされたりすることもあるのです。

政治家や政府高官、経営層など重要人物の個人情報を大量に盗めれば、居場所、滞在記録、活動のパターンに関する膨大なデータベースを作れます。そのデータベースを使えば、攻撃者が欲しい情報を持っている業種、組織、人物など、次のスパイ活動の標的を絞り込みやすくなります。深刻な病歴や借金に関する情報であれば、脅迫に悪用され、組織の機密情報の提供を求められる恐れがありますし、そうした個人情報を発表されれば、株価の下落やスキャンダルなど大きな危機に繋がるリスクがあります。また、どこをどんなタイミングで行き来しているかが分かれば、国や企業の秘密裏の交渉について漏れてしまう可能性が出てくるのです。

重要人物に関する個人情報の宝庫が、航空会社や、政治家や政府高官の使うようなクラスの大手ホテル、そして中央政府の人事部門です。航空会社の情報から人の行き来が、ホテルの情報で活動場所の絞り込み、人事部門の情報から標的の弱みになりそうな事柄が把握できます。この三種類の組織が狙われ、実際に個人情報が盗まれたのが米国でした。

二〇一八年にサイバー攻撃によって大変な被害を受けたホテルチェーン大手のマリオット・インターナショナルは、米国政府や米軍の関係者がよく宿泊するホテルとしても知られています。マリオットへの攻撃は、今後のスパイ活動の標的をデータベース化するための作戦の一環ではないかとニューヨーク・タイムズ紙は当初から指摘していました。パスポート情報とホテルの宿泊情報とを突き合わせれば、重要な立場にある政府・企業関係者の出張を追跡される恐れがあります。

34

図表1-3　個人情報の窃取の目的と被害例

目的	被害例
金銭	・ダイレクトメール、電話の勧誘 ・クレジットカードの不正利用
ストーカー	・位置や活動情報を悪用したつきまとい、監視
脅迫	・病歴、金銭情報の悪用 ・スキャンダルの発覚 ・株価下落
諜報	・企業の経営層や政治家、政府高官の誰が、いつ、どこにいるかを把握 ・企業の経営層や政治家、政府高官に対する今後のスパイ活動などの準備

一八年十一月三十日、マリオットは、予約データベースがサイバー攻撃を受け、最大で顧客五億人分の個人情報が流出した可能性があると発表（年明け早々、重複していた情報があったとして三億八三〇〇万人に修正）しました。一四年から一八年九月にかけて盗まれていたのは、氏名、住所、電話番号、誕生日、メールアドレス、暗号化されたクレジットカード情報でした。そのうち三億二七〇〇万人は、パスポート情報も流出していたのです。

マリオットのサイバーセキュリティシステムは一八年九月上旬、何者かが傘下のスターウッドホテル&リゾートの予約システムへ不正アクセスしているとの警報を受け取りました。マリオットは直ちに外部のサイバーセキュリティ専門家に連絡、調査の結果、実は流出の開始が四年前の一四年に遡ることが判明したのです。

インターネット検索大手ヤフーでは、さらに被害規模の大きい三十億件のアカウントの情報流出が二〇一三年に起きています。マリオットの事件は、ヤフーに次ぐ大規模なものであり、人々に衝撃を与えました。

攻撃者が金銭目的で情報を盗んだのであれば、流出情報の売買などに使われる「ダークウェブ」と呼ばれる闇社会のウェブサイトで売り買いされているはずです。しかし、米サイバーセキュリティ企業のレコーデッド・フューチャーによると、マリオットの公表時点で、関連する情報は売買されていませんでした。

ここで注目すべきは、一民間ホテルの個人情報流出事件に外国政府の情報機関が関わっていた疑惑があることです。二〇一八年十二月十一日付のニューヨーク・タイムズ紙は、調査に関わった人物や米国政府関係者の話として、中国政府の情報機関である国家安全部が攻撃の背後にいた疑いがあると報じました。国家安全部については、攻撃者について記した第二章でも触れます。

ポンペオ米国務長官は報道の翌日、米FOXニュースのインタビューで中国がマリオットへの攻撃に関与していると示唆、「中国が世界中でサイバー攻撃を仕掛けている」と非難しました。一民間企業へのサイバー攻撃について国務長官が発言したことは、米国政府がいかにこのマリオットへのサイバー攻撃を重く受け止めているかを示しています。

驚くべきことに、米国の個人情報を狙ったサイバー攻撃は、マリオットにとどまりませんでした。マリオットがサイバー攻撃に遭っていたのと時を同じくして、二〇一五年、ユナイテッド航空からの数百万人分の米国人旅行者の個人情報と、米連邦人事管理局からの連邦政府職員ら二千二百十万人分の個人情報の流出が明らかになりました。

世界第二位の規模を誇るユナイテッド航空は、政府職員が出張に使う主要航空会社です。「米国政府関係者や米軍人の動きをモニタリングするために中国がサイバースパイ活動を仕掛けたのではないか」との見方もあります。

中国政府からと見られるサイバー攻撃で狙われた米連邦人事管理局は、連邦政府職員の新規採用や、職員の健康保険や退職手当の管理を担当する連邦政府機関です。米国連邦政府の場合、業務でトップシークレット（最高機密）やシークレット（機密）といった機密情報に接する軍人、連邦政府職員、業者は、「セキュリティクリアランス」と呼ばれる機密情報取り扱いのための資格を取り、機密情報を第三者に漏洩したりしない、信用できる人物であることを証明しなければなりません。情報漏洩に繋がりそうな問題を抱えていないかどうか調べるために、資格審査用の書類には、過去十年間の職歴、住所だけでなく、借金を含む金銭状況、ドラッグ使用歴、精神疾患を含む病歴など他人には知られたくないような機微を含む個人情報の入力が求められます。

こうした情報が人事管理局から盗まれ、攻撃者によって悪用されれば、脅迫による国家への造反行為の強要の危険性も出てくるでしょう。個人情報を盗むための国家によるサイバー諜報活動があった場合、被害者が政府であれ、民間企業であれ、その被害は国全体へ及びかねないのです。

また最悪の場合、死者が出ることもあります。個人情報流出の悪夢のシナリオを考えさせる衝撃的な事件が、二〇一八年十一月、ヤフーニュースにより報じられました。海外で情報収集し、CIA（米中央情報局）にその情報を渡していた人々とCIAとが連絡を取るために使っている通信システムがハッキングされたのです。こうした情報提供者は逮捕されたり、潜伏先によっては最悪の場合、拷問、殺害の恐れもあります。連絡の通信システムは当然強固なサイバーセキュリティで守られていたはずでした。ちなみにヤフーニュースによると、このハッキング事件後の二〇一一～一二年、中国でCIAへの情報提供者二十人以上が死亡しています。

ウイルス感染の事後対応に一九億円を費やした米アトランタ市

身代金要求型ウイルス（ランサムウェア）とは、感染したコンピュータをロックしたり、あるいはコンピュータに入っているファイルを次々に暗号化したりすることで、そのコンピュータを使えなくしてしまうものです。「ランサム」とは身代金、「ウェア」とはソフトウェアを意味します。社内のサイバーセキュリティ対策を取っていないと、ランサムウェアは瞬く間に大量のコンピュータに感染し、日々の業務を行う上で不可欠な顧客情報や資料、メールも全部使えなくなってしまいます。つまり、攻撃者は事業に関わる大事なデータを人質に取ってしまうのです。この暗号を解くために必要な鍵は、攻撃者しか知りません。システムを再び使えるようにするための暗号を解く鍵を提供するのと引き換えに、攻撃者は〝身代金〟の支払いを要求する画面を感染したコンピュータに表示させます。支払いに使われるのは、ビットコインなど司法が追跡しづらい仮想通貨（暗号資産）です。

仮想通貨と言われても、一般人には馴染みがなく、遠い世界のことのように思えるかもしれません。ですが、一件あたりの平均要求額が三〇〇～五〇〇ドル（三万三〇〇〇～五万五〇〇〇円）程度と聞くと、「それほど高額の身代金でもなし、大事なデータにアクセスできるようになるなら、さっさとお金を攻撃者に払ってしまえば良いのでは」と思われる方もいらっしゃることでしょう。

しかし、それでは犯罪者の思うツボです。身代金を支払っても、暗号を解くための鍵を渡さない攻撃者もいます。また、振り込んだ身代金は次の犯罪行為の資金源になるばかりでなく、味をしめた攻撃者が同じ被害者を狙い撃ちにする危険性があるのです。

ランサムウェアを使った攻撃で病院がしばしば狙われるのは、患者の既往歴や薬のアレルギー、患部などの情報に病院が常にアクセスできなければ、患者に手術や治療も行えず、生命に危険が及ぶため、患者を救うために身代金を支払う確率が高い、と攻撃者が踏んでいるからに他なりません。実に卑劣な犯罪です。

ランサムウェアは一九八九年に誕生して以来、種類と被害が増加を続けており、残念ながらサイバー犯罪者にとって「一大ビジネス」となっています。サイバーセキュリティ・ベンチャーズ社の予測では、世界の被害額は二〇一五年の三億二五〇〇万ドル（三五七億五〇〇〇万円）から一七年の五〇億ドル（五五〇〇億円）、一九年には一一五億ドル（一兆二六五〇億円）に増加します。

被害を防ぐ上でのポイントは、業務で必要な、大事なデータは必ずまめにバックアップを取っておくことです。さらに、そのバックアップデータもランサムウェアに感染して、暗号化により使えなくなってしまわないように、インターネットとの接続点を考慮した上で、安全な場所に保管しておくことが求められます。そうすれば、万が一、ランサムウェアでデータが暗号化され、社内の一部のコンピュータにアクセスできなくなったとしても、後でデータだけは別の保管場所から復旧できます。

バックアップデータを取っていなかったがために、事後対応に一九億円かかるというかなり悲惨なことになったのが、米南東部ジョージア州の州都アトランタ市（人口約五十万人）です。他にもランサムウェアの被害で大打撃を受けた組織は数多くありますが、アトランタ市は行政機関という特性上、被害を受けた後、対処にどれだけ費用がかかったのかを公表しています。サイバー攻撃の被害を防ぐために普段からのサイバーセキュリティ対策がいかに大切であるかを理解して頂くため、同市の事例を見てみましょう。

アトランタ市が内部のＩＴシステムのランサムウェアによる感染を知ったのは、二〇一八年三月二十二日の早朝、午前五時のことでした。ランサムウェアのせいでＩＴシステムがロックされ、使えなくなってしまったため、各種料金支払いシステム、警察の記録システム、裁判所の情報システム、重要インフラのメンテナンス要請処理システムも動かなくなったのです。警察は数年分の車載カメラの記録を失い、データの復旧は不可能であることが判明しました。そのためアトランタ警察は、飲酒運転や麻薬の影響下での運転の容疑で逮捕された人々の立件に影響が出る可能性を危惧しました。

ウイルスに感染し、暗号化されてしまったシステム全体の復旧の代償として攻撃者が市に支払いを要求してきたのは、六ビットコイン（当時、五六〇万円）でした。市が支払いに応じたかどうかは分かっていません。

業務遂行に不可欠なＩＴシステムが使えなくなって困ったアトランタ市は、ＩＴ企業に復旧作業の緊急発注を余儀なくされました。三月二十二日から四月二日までのわずか十二日間にアトランタ市が外部発注した復旧、サイバー攻撃対処、危機対応コミュニケーションなどの費用は、二六七万ドル弱（二億九三七〇万円弱）に及びます。例えば、サイバー攻撃への緊急対処に六五万ドル（七一五〇万円）、危機対応管理のＰＲ会社に五万ドル（五五〇万円）を支払いました。

また、同市の発表によると、一八年八月時点でアトランタ市が事後対応に費やした総額は、一七〇〇万ドル（一八億七〇〇〇万円）にも上ります。アトランタ市の同年度予算が二一億ドル（二三一〇億円）だったので、予算の〇・八％がこのサイバー攻撃への対処に費やされた計算になります。

日本でも、二〇一八年十月に奈良県の宇陀市立病院で使っている電子カルテがランサムウェアに感染し、千百三十三人分のデータが暗号化されるという事件がありました。

このように、ランサムウェアは業務に必要な情報へのアクセスを阻害するため、被害組織の業務遂行能力を著しく下げるものです。だからこそ、データのバックアップを含め、被害の拡大を防ぐ二重、三重の対策が不可欠となります。

サイバー攻撃でイランの核燃料施設を破壊

サイバー攻撃と言えば、情報を盗むなど、その被害は目に見えにくいものという印象が強いかもしれません。また、インターネットにコンピュータを繋げなければ安全と考えていらっしゃる方もいるでしょう。しかし、サイバー攻撃によって、インターネットに繋がっていない施設内でも機器が破壊され、リアル世界で実害が出るということをご存知でしょうか。従来型の「サイバー攻撃＝情報窃取」という固定観念にコペルニクス的転回をもたらしたサイバー攻撃が、二〇一〇年に明らかになったイラン中部のナタンツにある核燃料施設の遠心分離機を破壊した事件です。

このサイバー攻撃では、「スタックスネット」と呼ばれるウイルスが初めて使われ、インターネットに繋がっていない核燃料施設にＵＳＢメモリを介して侵入・感染し、機器の破壊という実害をもたらしました。

こうした奇想天外かつ独創的なサイバー攻撃を行ったのは、イランの核兵器開発を妨害するために協力した米国とイスラエルだった、と一二年にニューヨーク・タイムズが報じました。ナタンツの施設にあるコンピュータシステムは、インターネットに接続されていませんでした。そのため、CIAとイスラエルはイランの技術者の中に協力者を得て、ウイルスを仕込んだUSBメモリを施設内に持ち込み、そこから感染を広げました。そして〇九年後半〜一〇年初頭に、周波数変換装置へサイバー攻撃を仕掛け、遠心分離機の回転速度を上下させることで過度の負荷をかけたのです。しかも核燃料施設で働いている現場の職員が遠心分離機の異常に気付くのを遅らせるため、攻撃者は、施設のモニターには正常値を示し続けるようにするという手の込んだ仕掛けをしていました。

サイバー攻撃によって、ナタンツの施設にあるウラン濃縮用遠心分離機がおよそ千基破壊されました。これはナタンツの遠心分離機の一割に該当し、イランのウラン濃縮効率が三割も下がったのです。このサイバー攻撃でイランの核兵器開発に生じた遅れは、一年半〜二年にも及ぶと米国政府は見ています。

その後、イランは一年がかりでシステムを復旧、再構築し、ウラン濃縮能力を取り戻しました。濃縮ウランの製造量を見れば、スタックスネットを使ったサイバー攻撃の影響は限定的で、イランの核開発の流れを変えることはできませんでした。しかしそれでもなお、サイバー攻撃によってリアル世界でも破壊という実害をもたらせると世界に知らしめ、その後のサイバー攻撃のあり方を変えた点で、スタックスネットはサイバーセキュリティの歴史上、大きな意味を持っています。

ただ、イランの核燃料施設が被害を受けたと聞いても、サイバー攻撃で狙われるのは核兵器のように安全保障上重要な施設だけなのではないかと思われる方がいらっしゃるかもしれません。しかし、一般の工場にもサイバー攻撃による物理的な被害は及んでいます。その一例が、ドイツの製鉄所の溶鉱炉の破損事件です。

この事件が発覚したきっかけは、二〇一四年十二月にドイツ情報セキュリティ庁が発表した年次報告書でした。どこでいつ起きたかは伏せられたものの、ドイツ国内の製鉄所がサイバー攻撃を受け、溶鉱炉が大きく破損したことが明らかになったのです。情報セキュリティ庁は、攻撃者は誰か、攻撃者の動機が何であったかは不明としています。

攻撃者は、製鉄所のサイバーセキュリティ対策だけでなく、製鉄所が独自に使っていた制御システムや製造プロセスなど内部情報を相当把握した上で攻撃していました。制御システムとは、工場や電力などの重要インフラ施設で、コンピュータの監視によって、プロセス制御を行うものです。例えば、工場の生産・加工、ビルの空調や照明を管理します。

攻撃者は、まず製鉄所の製造担当者たちに標的型攻撃メールを送りつけ、ログインのためのユーザー名とパスワードを盗み出し、社内のＩＴネットワーク、それから制御系のネットワークへの侵入に成功しました。その後、制御システムの複数の部品が頻繁に故障するようになったばかりか、溶鉱炉の一つが正常に停止できなくなり、最終的に溶鉱炉が大きく破損してしまったのです。

標的型攻撃メールは、攻撃する相手が信用している組織の名前や地位を利用し、悪意のあるリンクや添付ファイルを開かせようとします。仕事の取引先を装った名前と、緊急性や重要性を匂わす件名の組み合わせは典型です。見ず知らずの他人から送られてきたメールなら、そのまま開かずに削除したとしても、知り合いの名前から送られてきたメールなら信用するのが普通です。例えば、地位や人間関係を悪用した上で、「今日中に」などと時間的にプレッシャーをかけられると、添付されたファイルやリンクを思わずクリックする人も出てきます。このように、人間の心理的な隙や弱みをついて重要な情報を盗み出す手法のことを「ソーシャルエンジニアリング」と呼びます。

こうした人の心の隙につけ込んだサイバー攻撃に対抗するには、まずは企業でソーシャルエンジニアリングでよく使われる事例について研修を行い、社員が不必要にメールの添付ファイルやリンクを開かないようにすることが必要です。標的型攻撃メールを想定した演習も有効です。

「でも、どうせ誰かは添付ファイルを開くのだから、そんな研修や演習は無駄だろう」と思われる方もいらっしゃるかもしれません。しかし、サイバーセキュリティの最低限の理解は、高度なサイバーセキュリティ製品で守られていない職場の外、つまり自宅などにおいて重要になります。特に気を付けなければならないのは、重要人物と知り合いの多い経営層や政府高官の個人メールです。後述する二〇一六年の米国大統領選挙への介入事件でも個人メールが狙われており、また日本でも一三年に防衛事務次官の個人メールアドレスがサイバー攻撃で乗っ取られ、駐日米国大使館関係者など外部の第三者への標的型メール攻撃に悪用されたとの報道がありました。だからこそ、研修による意識と認知の向上が不可欠になります。

また、研修に加えて、第五章で触れる多層防御を行い、被害の拡大を最小限に食い止める技術的な対策も必要です。

真冬の厳寒地に停電を引き起こしたサイバー攻撃

停電が恐ろしいのは、水や医療といった人間が生きていくための、そしてビジネス活動を続けていくために必要不可欠なインフラサービスの提供を中断させかねない点です。冬であれば凍死が、夏であれば熱中症や衛生状態の悪化が起こり得ます。

二〇一八年九月、北海道南西部を震源とする最大震度七の地震が発生し、北海道全域が停電しました。その結果、各地で交通信号や公共交通機関、ＡＴＭが使えなくなった他、スーパーや工場の運営に支障を来《きた》すなどの被害が出ました。日常生活やビジネス活動がいかに電力に依存しているかを考えさせられた災害でした。

そして、停電はサイバー攻撃でも引き起こせると初めて証明されたのが、二〇一五年十二月の厳寒のウクライナの停電事件でした。停電が発生した同国西部のイヴァーノ＝フランキーウシクの十二月の平均気温は、最高気温が摂氏三度、最低気温がマイナス五度です。

停電の原因は、外部の第三者による電力会社のコンピュータと制御システムへの侵入でした。十二月二十三日の十五時三十五分頃から三時間にわたって、三十カ所の変電所からの電力が不通となりました。手作業で電力が復旧したのは、十八時五十六分でした。

当初は、停電被害を受けたのは八万世帯・事業者と見られていましたが、その後の調査で、被害を受けた顧客数は予想の三倍弱の二十二万五千に上っていたことが判明しました。三つの配電会社が三十分以内に次々に攻撃を受け、複数の停電が発生したのです。

攻撃者たちは、まずウイルスを仕込んだ添付ファイルをつけた標的型攻撃メールを電力会社に送りつけ、電力会社のＩＴネットワークに足がかりを築きました。また、オンラインで公開されていた情報から、この会社で使われている制御システムに関する情報を集め、攻撃の方法を研究していました。

報道によると、電力会社の社内ネットワークは、異常や脅威を常時監視するサイバーセキュリティ対策が取られていませんでした。そのため、攻撃者は、ネットワーク内に長期間潜み、攻撃対象の環境について偵察して情報収集し、継続的に攻撃を仕掛けることが可能になったと考えられます。

さらに攻撃者たちは、ウイルスを使い、サーバーやワークステーションからサイバー攻撃の証拠となるファイルを削除し、痕跡を消していました。復旧作業を遅らせるためだったと思われます。

その上、彼らは、専用のツールを用いて、電力会社のカスタマーセンターに数千件もの電話をかけ、停電になって困っている人々からの電話が繫がらないようにしていました。停電範囲の把握を妨げることによって、攻撃者たちは復旧を遅らせようとしていたのでしょう。電力会社のオペレーターたちが自分たちのコンピュータが乗っ取られていることに気付いた時には、既に複数の変電所が機能停止状態に陥っていました。ウクライナの技術者たちは、トラックに乗って一カ所ずつ変電所を回っては、スイッチを探し出して送電経路を切り替え、電力供給を復活させなければなりませんでした。

ウクライナ保安庁は、ロシアが複数の電力会社のネットワーク内に埋め込んでいたウイルスを発見したと主張し、ロシアの公安当局によるサイバー攻撃だったと非難しました。ロシアの公安当局が攻撃元であると断定した具体的な証拠をウクライナ保安庁は提示していませんが、それは、証拠を公開すれば、攻撃者に次の攻撃をより巧妙に仕掛けるヒントを与えてしまうと危惧したためと思われます。

米国政府も、中国やロシア、北朝鮮によるサイバー攻撃を非難していますが、なぜ攻撃元を特定できたかについて詳細を発表していません。それもおそらくは、公表により、今後のサイバー攻撃が巧妙化し検知できなくなってしまうことを恐れてのことでしょう。とはいえ、「でっち上げだ」と非難する当事国や、どちらの国の主張が正しいのか戸惑う国際社会に対して説得力のある情報を公にできないところが悩ましいと言えます。

ウクライナの事件は、分かっている限り、民間の重要インフラへのサイバー攻撃によって停電が起きた初めての事例です。悪しき前例により、「民間人の生命の維持に関わるような重要インフラ施設の機能をサイバー攻撃で停止させる」という攻撃者にとってのパンドラの箱が開けられてしまいました。国家間の関係が悪化していればなおさら、こうした攻撃のハードルが下がってしまうことでしょう。サイバー攻撃の被害によっては、住民の生命や健康に多大な悪影響が及び得ることから、電力会社などの重要インフラ企業は一層世界情勢の変化に留意し、サイバーセキュリティ対策を取る必要があります。

ロシアによるサイバー攻撃だとすれば、二つの理由が考えられます。一つには、二〇一四年三月のロシアによるクリミア併合後、ロシア・ウクライナ間の関係が悪化していたこと。併合後、ロシア当局はクリミアにあるウクライナのエネルギー関連企業を複数国有化しており、ウクライナ人の所有者たちが反発していました。

また、一五年十二月の停電の直前、ウクライナ寄りの活動家たちがクリミアへ電力を供給している複数の送電線を物理的に攻撃し、二百万人ものクリミア住民とロシアの海軍基地が停電被害に遭っています。そのため、ウクライナの停電はクリミアの送電線の爆破に対する報復措置だったのではないかとの見方もあると、一六年三月三日付の米国のテクノロジー誌ワイアードは紹介しています。

一五年のサイバー攻撃に対するウクライナの反応は、ロシアに対する非難声明だけでした。しかし、今後、類似したサイバー攻撃が起きた場合、武力でも対抗する選択肢を含め、事態は複雑化・深刻化することになりそうです。

一九年五月、イスラエル国防軍は、イスラム原理主義組織「ハマス」によるサイバー攻撃を阻止し、サイバー攻撃を行なっていたガザ地区の建物を即座に空爆したと発表しました。

ハマスにイスラエル側の能力について教えないようにするため、国防軍は、ハマスによるサイバー攻撃の詳細については開示できないとしており、「イスラエル市民の生活の質を損なうような攻撃」だったという以外、どの程度のサイバー攻撃が何に対して行われたのか、また空爆で何人死傷者が出たのか発表していません。国防軍の公開した写真には、半壊した建物が写っており、「空爆後、ハマスにはサイバー能力はなくなった」とのことです。

このイスラエルの対応は、サイバー攻撃にリアルタイムで武力によって対抗した初の事例であろうと見られています。一五年八月に米軍がジュネイド・フセインという名の英国人ハッカー（イスラム過激派ISのハッカー集団に所属し、米軍や米国政府関係者千四百人分の名前、メールアドレス、電話番号などをツイッターで公開し殺害を呼びかけた他、軍人のフェイスブックアカウントをハッキングし、彼らをISに勧誘する活動に関わっていたとされる）をドローンによる空爆でシリアにて殺害したという事例はありました。しかしながら、米軍によるこの殺害計画にはおそらく何カ月もかかっていたのに引き換え、イスラエルのハマスへの空爆は、サイバー攻撃があった直後に行われています。当時、イスラエル国防軍とハマスとの間ではロケット弾による応戦が続き、死者も出ていた状況とはいえ、暴力性や殺傷、破壊を伴わないサイバー攻撃に武力で応じて良いのか、サイバー攻撃者の身元を万が一間違えて武力攻撃してしまった場合どうするのか、今後世界は議論していかなければなりません。

国家機能を麻痺させて罰金僅か一八万円⁉

さて次は、大量の同時多発的サイバー攻撃によって、国家機能が一時麻痺したエストニアの事例を紹介します。この事件は、行政から金融まで様々なサービスがインターネットに繋がったＩＴ先進国だからこそ起きてしまった悲劇でした。

エストニアの受けたサイバー攻撃の背景を理解するには、まず、同国の抱える歴史的・民族的事情を把握する必要があります。バルト三国の一つで人口約百三十万人のエストニアは、一九一八年に独立を宣言するも、四〇年に東隣の旧ソ連によって併合され、翌年の独ソ戦勃発後はナチス・ドイツに占領された後、四四年に旧ソ連に再占領されました。エストニアが独立を回復したのは、九一年八月の旧ソ連でのクーデターの直後でした。

そんな激動の歴史を歩むエストニアは、無料通話サービスのスカイプを産んだ国であり、九九％の行政手続がオンライン上でできるＩＴ先進国として知られています。エストニアは、今でも他国によって国土が再び占領されてしまうのではないかと恐れています。たとえ国土が物理的に奪われても、オンライン上で政府が存続し、国民のデータにアクセスできる限り、国の機能を維持できると信じて、ＩＴ化を促進しました。

エストニアが国のＩＴ化を進めたもう一つの理由が、天然資源が少なく、千五百以上の島に人口が分散していることでした。九一年の独立回復当初、国外に繋がった電話は外相の庭に隠されたフィンランドの携帯電話だけ、電話を持っている国民が半数以下だったエストニアでは、各地に散らばる人々が繋がるには、インターネットと携帯電話がうってつけだったのです。平均年齢が三十五歳と若い内閣も生産性向上のためにIT化に飛びつきました。

その後のIT化のスピードには目覚しいものがありました。九八年までに全ての学校がインターネットに繋がり、二〇〇一年に実質的な電子政府化が始まりました。〇五年には地方選挙、〇七年には国政選挙にて世界で初めて電子投票を導入し、ヨーロッパで最もインターネット接続された国となりました。しかし裏を返せば、サイバー攻撃の入り口も広がったということであり、それが〇七年のロシアからと見られる大規模なサイバー攻撃に繋がったのです。

エストニアには歴史的経緯から約七〇%のエストニア系住民に加えて、約二五%のロシア系住民がおり、時として民族間の関係に緊張が走ることがあります。例えば、首都タリンの中心部にあった「青銅の兵士」像は、ロシア系とエストニア系住民とでは全く正反対の意味を持ちます。この旧ソ連軍の兵士像は、ロシア系住民にとっては、一九四四年のエストニアのナチス・ドイツからの「解放」を記念して四七年に公開されたものであり、毎年五月九日の対独戦勝記念日を祝う一つの象徴です。一方、エストニア系住民にとっては、ロシア（旧ソ連）による占領の象徴でしかありません。

〇七年のサイバー攻撃の引き金を引いたのは、この曰く付きの兵士像でした。同年四月二十七日、エストニア政府は、旧ソ連による占領の象徴であるこの像をタリン中心部から郊外のタリン戦没者墓地に移動させました。この動きに反発したロシア系住民千人以上が、暴動を起こしたのです。

エストニアの警察は催涙ガスや放水で応戦し、最終的に千三百人近くが逮捕され、百人が負傷、死者も一人出るという九一年の独立回復以来、最悪の暴動となりました。モスクワでも、エストニア大使館前を二百人のロシア人が取り囲み、大使館の旗を引き裂き、プーチン露大統領は、「(像の撤去によって)不和と不信感が植え付けられた」と発言しました。

同時に大規模なサイバー攻撃がエストニアを襲い、五月後半まで三週間続きました。攻撃には三つの波があり、まず四月二十七日に第一波が始まり、五月三日頃ピークに達しました。次に、対独戦勝記念日の五月八日から九日に攻撃が再び増えました。そして、五月中旬に三度《みたび》、攻撃が起きたのです。

エストニアの大統領府、議会、政府機関、政党、主要メディア六社のうち三社、主要銀行二行、通信事業者に対し、国外からDDoS《ディードス》攻撃が仕掛けられました。DDoS攻撃とは、複数のコンピュータから大量の処理要求を相手のサーバーやウェブサイトに送りつけ、ダウンさせることです。

エストニアの銀行の一部はやむなく国外からのインターネット接続を一時的に切断することで、DDoS攻撃を防ぎました。しかし、この手法は社会経済活動への副次的影響が大きいため、一般的には使えません。

また、エストニア改革党のウェブサイトが改竄《かいざん》され、アンドルス・アンシプ首相の名前をかたった青銅の兵士像撤去への偽の謝罪メッセージが掲載されました。エストニアの人々はATMやインターネットバンキングのサービスが使えなくなり、政府職員はメールでのやりとりができなくなりました。ある新聞社では、印刷に間に合うように記事をアップロードすることができなくなってしまいました。

アンシプ首相はサイバー攻撃がロシアのサーバーから行われたと非難しました。エストニア国防省は、ロシア語のウェブサイトにどのようにサイバー攻撃を仕掛けるか指示が出ていたと指摘しています。ただし、〇七年九月六日、ヤーク・アービックソー国防相は、今回のサイバー攻撃がロシア政府によるものだという証拠はないと国内のテレビ番組で述べました。

ロシア系エストニア人の学生が同じくバルト三国の一つリトアニアで〇七年十二月に逮捕され、自宅のコンピュータを使ってDDoS攻撃を仕掛けたと告白しました。そして、アンシプ首相に対する抗議活動としてサイバー攻撃を行ったと主張したのです。また、この学生は、自分は単独犯であり、オンライン上の指示を読んで、サイバー攻撃を行ったのであって、他の国の黒幕や攻撃者たちがいたとしても誰なのかは知らないと説明しました。

〇八年一月に有罪判決が出て、エストニア改革党のウェブサイトやエストニア政府のシステムに対するサイバー攻撃への罰金として、この学生（当時二十歳）に一万七五〇〇クローニ（一八万円）が科せられました。

しかし、一つの国にこれだけ経済的打撃を与えた重大なサイバー攻撃に対して一八万円の罰金が妥当なのかは大いに疑問です。当時のエストニアの刑法では、政府の機能や公的サービスを麻痺させるようなサイバー攻撃は想定外でした。だからこそ低額な罰金刑で済まされてしまったのです。法整備は、サイバー攻撃へバランスの取れた対応を取る上で非常に重要であることがこの事例からも分かります。

エストニアは〇四年からＮＡＴＯ（北大西洋条約機構）の加盟国となっていたため、ＮＡＴＯはこのサイバー攻撃を重く見て、サイバーセキュリティの専門家をタリンに派遣し調査をさせました。

また、〇八年にＮＡＴＯサイバー防衛協力センター（ＣＣＤＣＯＥ：NATO Cooperative Cyber Defence Centre of Excellence）がタリンに設立され、サイバーセキュリティ能力の向上のための研究、研修や演習が行われています。このセンターには、一八年以降、日本も参加するようになりました。

同センターでは、設立以来、重要インフラへのサイバー攻撃が行われた際の対処能力を確認するための世界最大のサイバー演習が毎年行われており、一八年の演習には日本を含む三十カ国から軍関係者や専門家千人が参加しています。また、一九年からは、防衛省のシンクタンクである防衛研究所の研究員一人が同センターに派遣され、サイバーセキュリティにおける防御と国際法との関係について研究することになりました。日本はＮＡＴＯの加盟国ではないからこそ、国家機能の麻痺という未曾有の危機を乗り越えたエストニアでＮＡＴＯの培った最先端のサイバー攻撃と防御に関する知見に触れ、人的ネットワークを築くことは非常に大切です。

さて、ＤＤｏＳ攻撃には技術的な対処も必要です。ＤＤｏＳ攻撃を検知すると、攻撃の通信を阻止するＤＤｏＳ攻撃対策サービスをインターネットサービス企業やＩＴ企業が提供しています。攻撃を受ける前にこうしたサービスを導入しておくことが有効です。

ＤＤｏＳ攻撃に使われるのは、攻撃者がウイルス感染させて使う踏み台のコンピュータや、監視カメラ、ルーターなどのＩｏＴ機器です。悪用された機器は、攻撃者がまるで自分の手足のように使うロボットのような存在であるため、「ボット」と呼ばれます。「ボット」が集まり構成されるネットワークの「ボットネット」から被害組織のサーバーやウェブサイトに大量のデータが一斉に送りつけられます。これがＤＤｏＳ攻撃で、サーバーをダウンさせたり、ウェブサイトの閲覧を不可能にさせるのです。

ＤＤｏＳ攻撃の被害を減らすためには、このボットネットを撲滅していかなければなりません。世界中のインターネットサービス企業やＩＴ企業、警察、政府機関が協力し、ボットネットに関する情報を共有し合い、ボットネットを見つけてはそれを撲滅する地道な努力が続けられています。

事実よりもＳＮＳ上の虚偽情報に飛びつく人々

今、世界で懸念されていることの一つに、ＳＮＳを介したデマ拡散による世論の操作やビジネス活動の混乱があります。オックスフォード英語辞典は二〇一六年、「今年の言葉」に

「ポスト・トゥルース（脱真実）」を選びました。世論の形成において、客観的な事実よりも、個人の感情に訴える言論の方がたとえ虚偽であっても強い影響力を持つという意味の言葉です。

恐ろしいことに、例えばツイッターでも、偽情報の方が事実よりもリツイートされる可能性が高く、しかも、偽情報が千五百人に伝わる速度は事実が伝わる速度よりも六倍も速いというのです。米国のマサチューセッツ工科大学が一八年に行なった研究で明らかになりました。

便利で手軽に使えるSNSではありますが、図表1－4に示したように、虚偽情報を意図的に発信し、不特定多数に瞬く間に共有されることで世論を混乱させ操作しようとする人々や政府がいることを忘れてはなりません。こうしたSNSによるデマの拡散は、人々の混乱・不信を招き、企業のビジネス活動を阻害します。

日本でも、ここ数年、自然災害発生時のSNSによるデマ情報の拡散が問題になっています。例えば、一六年四月の熊本地震の直後に「地震のせいで動物園からライオンが逃げた」とのデマ情報が、街中を歩くライオンという衝撃的な写真と共にツイッターに投稿され拡散しました。ちなみに、偽写真とデマを投稿した二十歳の会社員が、動物園への偽計業務妨害の容疑で同年七月に熊本県警によって逮捕されましたが、反省しているとの理由で翌年三月に起訴猶予となっています。

また、一八年九月の北海道胆振《いぶり》東部地震の後、断水や携帯電話の不通などのライフライン

図表1-4　デマ拡散による世論の混乱と操作の事例

目的	事例	手段	被害	対策
SNS乗っ取りによるデマ拡散	2013年4月、シリア政府系ハッカー集団「シリア電子軍」がAP通信の公式ツイッターアカウントを乗っ取り、「ホワイトハウスで2回爆発が発生、オバマ大統領負傷」という偽ツイートを流した。	ハッカーがAP通信の記者に標的型攻撃メールを送り、リンクをクリックすると、AP通信のネットワークがウイルスに感染。ツイッターのパスワードが盗まれた。	株式市場が大打撃を受け、S&P500指数にして一時1300億ドル（14兆3000億円）が失われた。	SNSに2要素認証を導入。 政府やライフラインを担う企業の公式アカウント、ウェブサイトなど複数の情報を確認。 公的機関・研究機関によるプロパガンダ用アカウントの監視と情報共有。 SNS運営企業による偽情報・偽アカウント対処方針の確立。
SNSによるデマ拡散	2016年4月の熊本地震の直後に「地震のせいで動物園からライオンが逃げた」との偽写真付きのツイートが拡散。	自然災害直後の不安な時期にセンセーショナルな話題を発信した。	社会不安・混乱の増幅。	
	2018年9月の北海道胆振東部地震の直後に断水や携帯電話の不通などに関するデマツイートが拡散。	自衛隊から聞いた、などと権威の裏付けがあるかのように見せた。	社会不安・混乱の増幅。	
SNSによる世論の操作	2018年2月の米フロリダ州の銃乱射事件後のロシアによる米世論の操作。	ボットによるSNSの自動拡散。	社会の不安定化。	

に直結するデマの拡散が問題になりました。当時、停電でテレビやラジオなどの正しい報道に触れられない人たちは、ツイッターで情報収集や情報のやり取りをしていました。そんな中、「自衛隊や復旧対策本部の知人から聞いたのだが」と、さも政府や大企業からの裏付けがある情報であるかのように装ったツイートが発信され、被災者やその周辺の人の間で「数時間後に地震が来る」などのデマが広がったのです。

自然災害という危機の中、自分だけが知っている情報を世間に知らしめたいという優越感や善意から情報が拡散し、伝言ゲームで尾ひれがつき、センセーショナルな情報となって人々が飛びつきます。平時であれば、テレビや新聞、政府の記者会見など複数の情報源を確認し、荒唐無稽なデマを信じる可能性は低くなります。ところが、自然災害時はじっくり調べて情報を吟味する余裕もなく、スマートフォンとSNSに頼りがちです。慌ただしい雰囲気の中、早とちりや誤解が生まれます。

こうしたデマ拡散に対処するには、行政など公的機関や電力などのライフラインを担う企業の公式アカウントからの発信、ウェブサイトを確認するしかありません。

一方、SNSはデマ拡散の媒介となるだけでなく、SNSを悪用した世論操作も起きています。特に米国では、二〇一八年二月に南部のフロリダ州パークランドの高校で起きた銃乱射事件後、ロシアによる世論操作が試みられ、危機意識が高まりました。

銃乱射事件の犯人は、この高校を退学処分になった元生徒の十九歳の男でした。半自動小銃を乱射し、生徒と教職員十七人が死亡、十七人が負傷するという凄惨な事件の容疑者は、同年三月に第一級殺人罪と第一級殺人未遂罪で起訴されています。

米国の学校で起きた銃の乱射事件の中でも大きな被害を出した事件だったため、銃規制議論が再燃しました。銃規制については、武器を保持する権利に関する合衆国憲法修正第二条の解釈を巡り、米国では世論を二分した論争が長年続いています。この元々、米国国内で意見が割れやすい問題が世論分断工作に使われたのです。フロリダ州の銃乱射事件発生の一時間後には、ロシアからの世論操作工作と思われるツイートが既に数百件に上りました。

こうしたツイートをしていたアカウントの多くは、「ボット」によるものでした。ボットのソフトウェアを使うと、まるで実在の人間が発信したツイートのように、特定のキーワードを含むツイートを自動的に発信またはリツイートで拡散できる他、「いいね」を押すことができます。作業を自動化することで、コンテンツの拡散を効率良く瞬く間に行えるのです。ロシアのボットは、銃規制や一六年の米大統領選のように米国の世論を二分するトピックが出てくると、すぐに飛びつき、議論の二極化を進め、両者の歩み寄りを困難にします。

フロリダの銃乱射事件で、ロシアや極右の陰謀論者たちが標的にしたのは、何と、事件の生存者たちでした。取材に答える生存者たちが、実は危機に乗じて金をもらっている俳優だというデマをSNSで流したのです。生存者の生徒の一人は、父親が元FBI職員だったため、とりわけ標的にされ、「FBIから教えられたセリフを喋っただけだ」というデマを流されました。事件から一週間後、この生徒の名字はSNSに溢れかえり、ツイッターのトレンドとなるほどでした。そのため、SNSを運営する会社側は、そういったコンテンツの削除に乗り出しました。

SNSによるこうしたデマの拡散防止には利用者、SNS運営企業、公的機関による対策や情報共有が必要です。まず、SNS利用者のリテラシーを高める教育が不可欠でしょう。伝聞に基づくセンセーショナルなSNSの情報を目にした時はすぐに飛びつかず、政府などの公式アカウントやウェブサイト、報道で冷静に真偽を確認する必要があります。

SNSを運営する企業に対しては、SNSにアップされるコンテンツをモニタリングし、偽情報に関するタグ付けやフィルタリングを行うことが求められます。

欧米では、公的機関や研究機関（シンクタンク）によるプロパガンダ用アカウントの横断的なモニタリングとその情報の公開が進められています。例えば、バルト三国の中央に位置するラトビアのNATOのセンターでは、偽情報に関する研究が行われており、米国ワシントンDCに本部を置く政策シンクタンクのジャーマン・マーシャル財団は、ロシアのプロパガンダ用ツイッターアカウントを六百個監視し、その結果をウェブサイトに掲載しています。こうした情報集約サイトを確認することで、個人だけではなかなかできない情報の裏付けが可能となります。

ロシアによる米国大統領選挙への介入疑惑

ロシアがサイバー攻撃で米国大統領選に介入したのは二〇一六年が初めてと言われていま

す。トランプ候補は選挙期間中、プーチン大統領を持ち上げる発言をしており、共和党の米大統領候補がこのような発言をするのは異例であったことから、ロシア政府はこの機会に乗じて自国に有利な選挙結果となるよう介入を試みたと考えられます。ただし、プーチン大統領やロシア外務省は、介入疑惑を否定しています。

選挙戦中、民主党陣営に対して二種類のサイバー攻撃が行われました。一つは、ヒラリー・クリントン候補に不利になるメールを大量に流出させたことです。二つ目は、SNSで偽の米国人アカウントを作り、トランプ候補の支持を表明するメッセージやクリントン候補を誹謗中傷するメッセージを拡散させたことです。

サイバー攻撃の背後にいたのは、ロシア連邦軍参謀本部情報総局(GRU)のハッカーたちと見られており、米司法省は、一八年七月にGRUのハッカー十二人を訴追しました。GRUについては、第二章で詳しく説明します。

ハッカーたちは当初、クリントン陣営の職場で使われるメールをハッキングしようとしましたが、なかなかうまくいきませんでした。

しかし、彼らは諦めませんでした。今度は陣営の幹部たちが使う個人のGメールアドレスを狙ったのです。選対責任者のジョン・ポデスタに標的型攻撃メールが送られ、ポデスタはリンクをクリックしてしまいました。ここからウイルス感染を広げ、五万通ものメールをハッカーたちは手に入れたのです。

彼らは、その他にも、クリントン財団や民主党全国委員会のスタッフなど複数の民主党関係者にも標的型攻撃メールを送っており、全国委員会のシステムに侵入しました。残念ながら、委員会では迷惑メール除去サービスは使っていたものの、そのレベルはグーグルのGメールのセキュリティシステムより見劣りする程度のものだったと言います。一五年半ばに委員会からデジタル面での脆弱性評価の依頼を受けたサイバーセキュリティ企業は、あまりのセキュリティレベルの低さに驚愕しました。取るべき対策を提案しても、「（費用が）高すぎる」との返答でした。しかも、サイバーセキュリティの心配は選挙が終わってからするとも言われたそうです。

一五年九月、委員会のITネットワークが侵入されており、ロシアの関与が疑われるとの情報を摑んだFBIは、委員会に電話で警告しようとしました。しかし、そもそもサイバーセキュリティの担当部署すら同委員会にはなく、電話はたらい回しにされました。ようやく電話の繫がった先は、サイバーセキュリティ経験のないIT請負業者の若者でした。しかし委員会は、FBIから同年十一月にコンピュータから情報が流出し、事態が悪化しているとの連絡を受けた後ですら、すぐには何も対策を取らなかったのです。

委員会の上層部が異変に気付いたのは、一六年四月でした。委員会のコンサルタントを務める女性のヤフーのメールアドレスに、ヤフーから「国家が背後にいるハッカーたちからアカウントが狙われている」との警告が送られてきたのです。女性は同僚たちに警告メッセージのスクリーンショットを転送し、相談しました。

同年七月、内部告発サイトのウィキリークスが民主党全国委員会のスタッフが送受信したメールを二万通近く掲載するという驚天動地の大事件が起き、ようやく同党のサイバーセキュリティのあり方が注目を集めるようになったのです。しかも同月の民主党全国大会の開幕直前だったため、民主党に大きな衝撃が走りました。リークされたメールの中には、委員会スタッフがクリントン候補を後押ししていることを示すメッセージや、スタッフが民主党の指名候補の座を争っていたバーニー・サンダース上院議員の評判失墜を画策していたことを示すメッセージもあり、民主党の選挙陣営にとって大打撃でした。結果、デビー・ワッサーマンシュルツ全国委員長が、全国大会前日に辞任を表明する事態となったのです。

それでは、二つ目のサイバー攻撃の手口はどのようなものだったのでしょうか。

ロシアには偽情報をオンライン上でばらまく企業があります。米国の大統領選挙戦中、SNSを悪用した米世論の形成に関与していたのは、ロシア・サンクトペテルブルクに本社を置くインターネット・リサーチ・エージェンシー（IRA）という名前の企業でした。二〇一三年七月頃に設立されたIRAの社員数は当初数十人でしたが、二年後の一五年半ばには千人以上に膨れ上がりました。偽情報を最大限拡散するため、ニュース記者だけでなく、画像編集者と検索エンジン最適化の専門家も雇っています。当時のフェイスブックは利用者が本物の人間なのか、ボットなのかを判別する対策をほとんど取っていなかったため、IRAはその隙を突きました。つまり、偽の人格をSNS上に作り出し、利用者たちに本物と思い込ませようとしたのです。それだけでなく、米国の選挙制度を深く理解するためにデータ分析の専門家とベテラン社員を二人、米国の激戦州に三週間派遣し、選挙干渉のための作戦を練りました。

同社は、草の根団体や政治団体に所属した米国市民のように見える偽のフェイスブックやツイッターなどのSNSのアカウントを大量に作り、数百万人に対してオンライン広告を打っていました。また八十人以上の社員を使って翻訳をさせ、偽のアカウントから情報を発信するだけでなく、米国のサーバーをわざわざ購入して使い、SNSの発信元を隠していたのです。

大統領選挙の前月に同社が得ていた月当たりの予算額は、少なくとも一二五万ドル（一億三七五〇万円）にも上りました。また、予算のほとんどは、IRAの下請け企業、コンコード・マネジメント・アンド・コンサルティングから来ていましたが、コンコードはその資金をロシア政府から得ていたのです。

一八年三月、米財務省はGRUやIRAなどを資産凍結などの制裁対象に指定しました。

ロシアがSNSを使った世論操作を行った理由について、ダン・コーツ米国家情報長官は、「こうしたツールを使えば、比較的安価かつ低リスクで世論操作できることが明らかだからだ」と同年二月の米上院情報委員会の公聴会で述べています。SNSを使えば、国外からでも大多数の人に短期間でメッセージを届けることができます。しかし、同じ数の人にビラを配ったり、対面してメッセージを届けようとしたならば、相当なコストがかかるだけでなく、逮捕される可能性が高くなるのです。

IRAが二年間にフェイスブックに投稿した数は八万件、このコンテンツを見た米国人の数は一億二千六百万人、一六年九月～十一月に約五万個のボットアカウントを使って投稿したツイートの数は百四十万件、それを見た人の数は二億八千八百万人でした。ちなみに、米国の登録有権者数は約二億人です。ただし、こうしたＳＮＳのコンテンツを見た人がどれだけ投票行動を変えたのかは不明です。

その後、サイバー攻撃やＳＮＳを使った工作による選挙介入には、米国だけでなく、英国やその他のヨーロッパ諸国でも懸念が高まっています。一八年十一月に欧州議会が発表した世論調査結果でも、六一％のＥＵ市民がサイバー攻撃による選挙結果の操作に懸念を表明しました。

対策としては、相手政府への牽制と万が一の事態への備えのために、選挙で外国政府から介入があった場合にどう対応するか戦略を作り、選挙前に発表することと法整備が必要です。その上で、候補者陣営それぞれのサイバーセキュリティ対策をチェックし、選挙期間中の外国政府からの介入・サイバー攻撃を監視して情報収集し、介入を検知した場合、関係者への連絡を含めすぐに対応できるようにすることが求められます。

ロシアの介入への米サイバー軍の対抗策

残念ながら、ロシアによる米国の選挙への介入はその後も続いているようです。米国のサイバーセキュリティ防御及び他国へのサイバー攻撃を担うために二〇〇九年に米軍内に設立されたサイバー軍は、二〇一八年十一月の中間選挙に当たって、ロシアの偽情報による干渉から守るため、そうした情報を広めようとする者たちに対し、「お前の身元はばれており、活動は監視されているぞ」とのメールやショートメッセージを送ったという報道がありました。メッセージを送信する相手の人数や送信方法は、明らかにされていませんが、米国の選挙を守るために米軍が介入するのはこれが初めてです。

さらに中間選挙当日から選挙結果が判明するまでの数日間、サイバー軍はIRAがインターネットに接続できないようにし、デマ拡散による中間選挙結果への国民の信頼失墜を防ごうとしたと報じられています。サイバー軍が対外的にサイバー攻撃能力を行使したのは、今回が初めてではありません。一六年、イスラム過激派組織ISのITネットワークにサイバー軍がサイバー攻撃を仕掛け、ISによる部隊の指揮統制や通信を妨害していたことが米国防総省によって明らかにされました。

一八年の中間選挙の際、ロシアによる介入がIRAだけを使ったものだったのか、サイバー軍が他にどのような作戦を展開していたのか、介入を全て防ぐことができたのか、全容を私たちは知る由もありません。米国政府が報道内容を認めていなくても、米軍が出てきたという報道を受けて、ロシア側が次回から選挙介入の手法をさらに巧妙化・多様化させ、米露間のサイバー空間の攻防が激化する恐れがあります。そうなれば、将来、選挙を世論操作から守ることは一層難しくなるでしょう。

外国政府からの選挙介入を懸念し、対策を進めているのは米国だけでなく、例えばカナダ政府もそうです。一九年一月、カナダ政府は十月の総選挙に先立ち、選挙への外国政府によるネット経由での介入やサイバー攻撃を防ぐための特別対策班を作りました。特別対策班には、連邦警察、外務省、通信安全保障局、情報機関が参加しており、SNSの分析やサイバー攻撃の阻止の他、どれが悪意をもって投稿されたものなのか見抜く力を付けてもらおうと、七〇〇万カナダドル（五億八〇〇〇万円）の予算を計上し、有権者のネットリテラシー向上のための場を設ける予定です。

外国政府からの選挙介入に対してその他にも求められるのは、政府がどのように対応するか戦略を発表し、法的対抗策や経済制裁など抑止策を示すことです。ただし、訴追や経済制裁を行うには、攻撃元を特定できるだけの情報収集・分析（インテリジェンス）能力が政府に備わっていることが条件となります。

なぜ外国政府は選挙に介入するのか

実のところ、外国政府による他国の選挙への介入は、サイバー攻撃が誕生するよりずっと前から行われてきました。例えば、一九四八年のイタリア総選挙では、共産党の勝利を阻止するためにCIAがイタリアの中道政党に多額の資金援助を行っています。

サイバー攻撃やSNSを使うにせよ、使わないにせよ、外国政府が他国の選挙に介入する際には、二つの目的があります。第一に、特定の候補者を勝たせる、あるいは負けさせるこ

図表1-5　外国政府による選挙介入の手法と対策

手法	目的	対策
選挙陣営スタッフへのサイバー攻撃	・個人メールを含め、メールアカウントをハッキングし、特定の候補者、陣営に不利になるような情報を収集、リークすることで打撃を与える。	・候補者・政党など選挙関係者のＩＴシステムの多層防御。サイバー脅威インテリジェンス。 ・政府による介入対抗戦略の作成・発表による抑止。 ・法整備。
投票・集計結果の改竄	・有権者の投票の真の結果を改竄して、自国にとって都合の良い選挙結果にする。	・投票・集計用のインフラの多層防御。 ・サイバー脅威インテリジェンス。 ・政府による介入対抗戦略の作成・発表による抑止。 ・法整備。
偽のSNSアカウントを用いたプロパガンダ発信、拡散	・多数の有権者に情報を刷り込み、世論形成。 ・SNS上の政治広告で寄付を呼びかけ、資金源とする。	・メディア・SNS運営企業による偽アカウントへの対処方針の確立。 ・SNS利用者のリテラシー向上。

とで、政治的利益を得ようとするものです。第二に、有権者にその国の選挙制度や民主主義体制への信頼を失わせ、政治的均衡を崩し、国力にダメージを与えることです。サイバー攻撃やSNSを使えば、物理的に遠く離れた国にスパイを送り込まなくて済むという利点がありますし、安価に早く広く情報を拡散することが可能です。

日本ではこの選挙介入問題について、ほとんど議論が行われていません。しかし、東アジアの情勢を鑑みると、「海外政府からの選挙介入などあるはずがない」と楽観視することは許されません。外国の事案であっても、日本との外交・安全保障上の関係に変化が生じる可能性があります。日本の民主主義体制への不信を煽ったり、政治の不安定化に繋がるサイバー攻撃やSNSを駆使した選挙干渉が起きた時の対策を用意すべきです。

以上ご紹介してきたように、今や、「サイバー攻撃」と一言で言っても、資産や情報を盗む金銭目的の犯罪から、企業を経営破綻にまで追い込むスパイ活動、停電や工場の操業停止を引き起こす破壊活動、世論の操作・混乱や選挙への介入に至るまで様々です。多様化・進化を続けるサイバー攻撃の種類に圧倒されるかもしれませんが、現場の社員のリテラシー教育、バックアップデータの保存、多層防御など、守る側がやるべきことも少し見えてきたかと思います。具体的なサイバーセキュリティ対策については、第五章で説明します。

第二章　「闇の攻撃者」の正体

第一章ではサイバー攻撃を被害の種類という切り口で説明しましたが、第二章ではサイバーの世界で暗躍する攻撃者たちの実像、攻撃の目的、戦略、体制という観点からご紹介したいと思います。攻撃者の視点に立ってサイバー攻撃を捉えることで、防御の盲点がどこにあるかが見えてくるでしょう。

高度なサイバー攻撃の中には、国家をバックにした攻撃者によると見られるものもあります。この章では、日本人にとって身近な近隣諸国の北朝鮮、ロシア、中国を取り上げました。この三カ国は日本だけでなく、米国や西欧諸国にとってもセキュリティ上、関心の高い国々です。

世界の主要国のサイバー部隊の規模を図表2−1に示しました。比較のため、日本のサイバー防衛隊についても示してあります。

図表2-1　主要国のサイバー部隊の規模

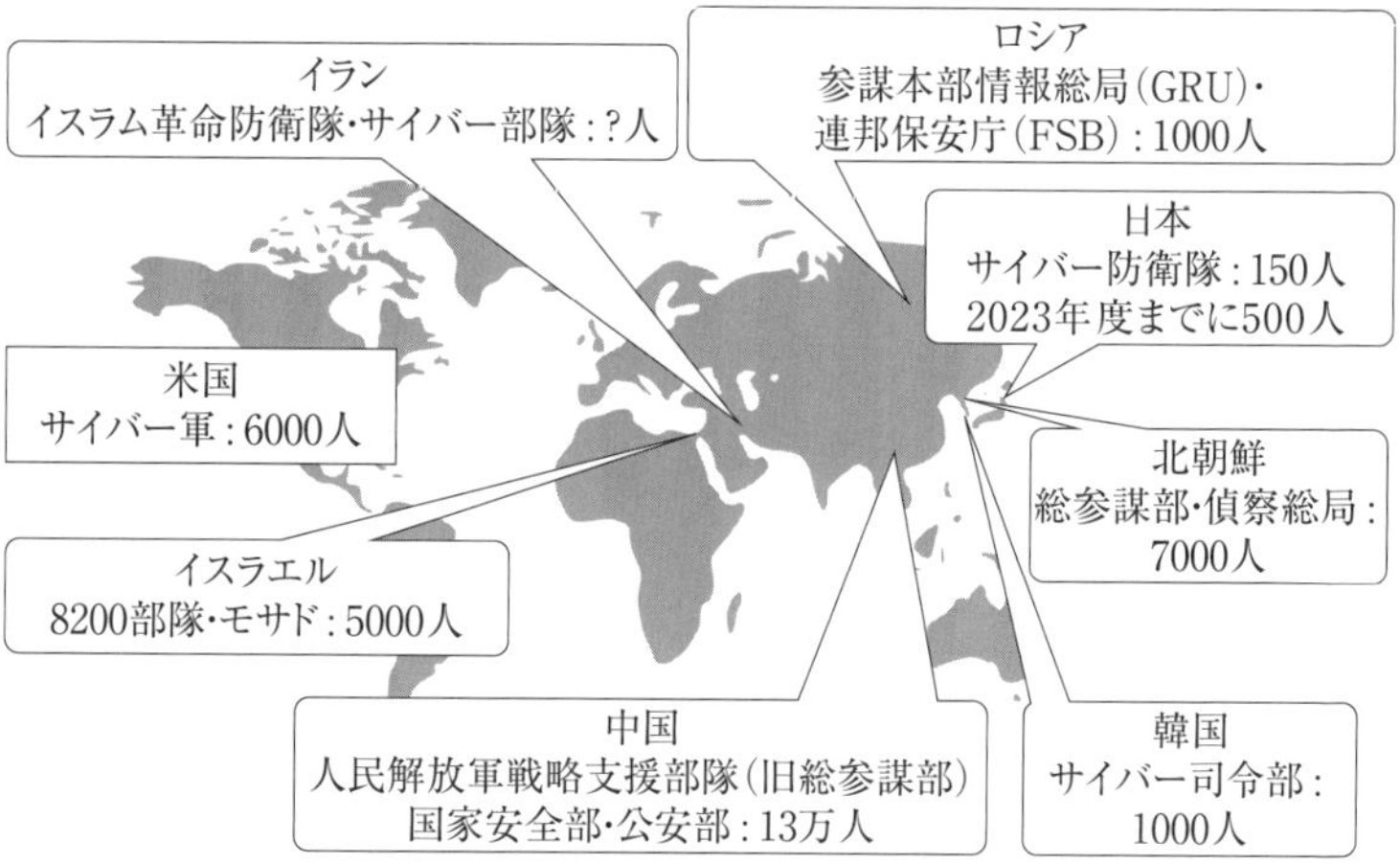

実は組織内部にも潜む脅威

サイバーセキュリティ上の「脅威」というと、何となく、自分の所属している組織の外にいる人間を想像してしまうかもしれません。しかし、三千五百四万件の個人情報が流出した二〇一四年のベネッセの事件（業務委託先の元社員が顧客データベースから顧客情報を自分のスマートフォンにコピーして社外に持ち出し、名簿業者に売却していた）が証明したように、社内の人間が大きな被害をもたらすこともあります。図表２－２に示すように、脅威は外部にある場合と内部にある場合の両方があるのです。

「内部脅威」に分類される例として、本来であれば最も組織の信用に応えなければならない社員や元社員、下請け業者が、その立場を悪用して機密情報を盗むことや、あるいは復讐のため雇用主へ損害を与えることなどが挙げられます。また、意図的でなくても、メールの誤送信などでついうっかり情報漏洩を起こしてしまうこともあるので、注意が必要です。

意図的に損害を与える例で言えば、二〇一九年四月に米司法省が米ゼネラル・エレクトリック（GE）の元技術者の男と中国人実業家を、ガス・蒸気タービンの設計・材料・仕様等の情報を一六～一八年にかけてGEから盗んでいた容疑で起訴しました。二人は中国政府から資金援助を受けており、盗んだ情報が中国政府系の研究所の利益になることを知っていた疑いが持たれています。

オーストラリアでは二〇〇〇年、市の職員に採用してもらえなかった元下請け業者の男が市を逆恨みし、下水処理施設にサイバー攻撃を仕掛けて、汚水を町中に溢れさせ、ひどい悪臭と海洋生物の一部死滅をもたらしたという事件がありました。

社員や元社員、下請けなど内部情報にアクセスできる人々は、その企業にとって大事な情報がどこに保存されているのか、どのようにすればそこから情報を取り出せるのか、顧客サービスを中断させるにはどこにどのような攻撃を加えれば効果的なのかを知っています。また、そうした被害をもたらすために必要な場所やツールへのアクセスも、外部の人とは比べものにならないくらい容易なため厄介です。

意図的に組織に被害を与えようとする内部の人間を事前に止めるには、彼らの挙動に注目する必要があります。彼らが盗もうとしている文書やツールは、基本的に本来の業務と関係ないものであり、しかもこうした人々は、被害を大きくするために欲張って情報を探し回り、

図表2-2　サイバーセキュリティ上の脅威の分類

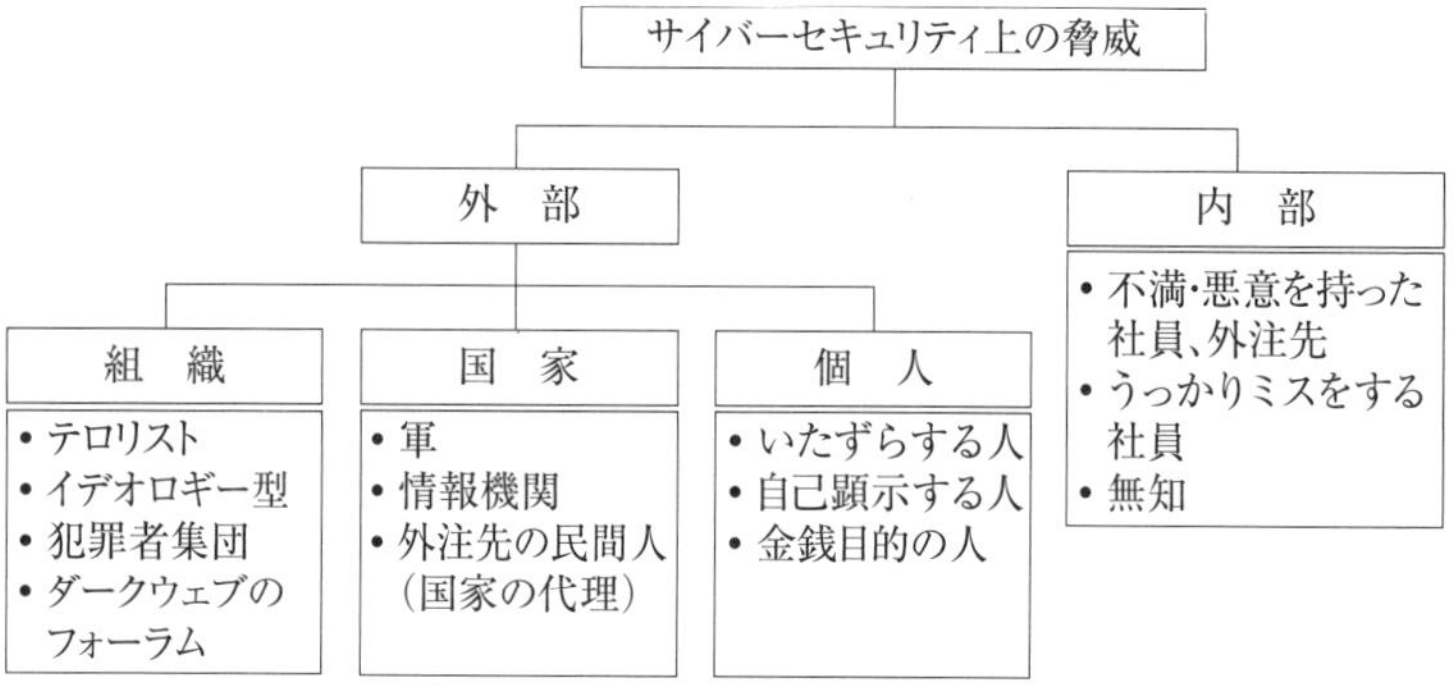

あちこちにアクセスします。真面目に正直に働いている社員ならば絶対にあり得ない挙動です。

　では、守る側がどうすれば良いかというと、社員のアクセス権を必要最小限にすることや、データの外部持ち出し制限をかけるなど、従来からある対策が当然必要です。加えて、社内ネットワーク上で不審な動きがないか監視し、素早く見つける「ふるまい検知」と呼ばれるシステムが有効です。また、ほんの小さな変化であっても見つけ出すのが上手なのは人間よりも人工知能（ＡＩ）であるため、ＡＩも合わせて活用すれば内部脅威を防ぐ上でさらに効果的・効率的となります。なお、この不審な挙動をＩＴネットワーク上で見つけることは、サイバーセキュリティにおいて非常に大切なポイントです。第五章で詳しく説明しますので、頭の片隅に置いておいて下さい。

　逆に、悪意はなくても、ついうっかり何かしでかしてしまう、という事件も内部脅威に分類され、これはいつでも起こり得ます。例えば、メールを誤送信して、情報漏洩してしまうことなどです。政府職員ですら首相や大統領の個人情報をついうっかりメールで別の人に送ってしまうという事件がありました。

人間ならいつでも起こし得る事故を防ぐには、当人の意識に任せるだけでなく、技術的な解決策の導入が必須です。例えば、間違いに気付いたらすぐに送信を取り消せるよう、送信メールを一時的に送信トレイに置いておくといったメール送信ルールの設定、送信前に宛先、本文、添付ファイルの最終確認画面が出る誤送信防止ソリューションなどがあります。

このように内部脅威には意図的な場合とうっかりの二種類がありますが、どちらもいつでも起こり得るものであるため、守る側は性善説ではなく性悪説に立ち、技術的なソリューションを導入しなければいけません。

それでは次に外部脅威について見ていきましょう。

留意すべき外部の攻撃者は国家と犯罪集団

図表2－2で示した攻撃者の分類図のとおり、外部からの攻撃者には大きく分けて個人、組織、国家の三つがあります。その中でも、守る側がより注意すべき外部脅威は、国家による諜報・妨害活動と、組織による金銭目的のサイバー犯罪です。個人が能力を誇示するためにいたずら目的で行うサイバー攻撃は、二一世紀の初頭に頻繁に見られました。その後、個人によるサイバー攻撃よりもずっと脅威を増してきたのが、金銭目的の組織犯罪であり、身

代金を要求するランサムウェアや億円単位の金を企業に振り込ませるビジネスメール詐欺など進化を続けています。また、攻撃者たちが盗んできた情報や物を違法売買したり、サイバー攻撃の手法について情報交換したりする闇社会の世界である「ダークウェブ」も存在するのです。

ダークウェブについてはこの章の最後に説明するとして、まず国家による外部脅威について詳しく見ていきます。

サイバー攻撃を行う能力を持った国は、中国、ロシア、北朝鮮、イランなど二〇一六年後半時点で三十カ国以上あると米国政府は見ており、そうした国々がサイバー攻撃を通じてスパイ活動、妨害活動、世論操作を行っていると警戒しています。国家がサイバー攻撃を行うのは、軍事行動、選挙、行政、企業活動などがＩＴ化され、情報収集・スパイ活動、妨害活動、世論操作がリアル世界だけでは不十分になったからです。

サイバー攻撃能力を持った国家の中でも特に高いスキルを持っているのが、政府の情報機関や軍であり、政策や軍事に関する知見、最先端の研究、知的財産、営業秘密や個人情報を狙っています。直接、情報機関や軍がサイバー攻撃を行うこともあれば、民間に外注して、政府の代理として攻撃させることもあります。民間を使うことで、政府の使える手駒が増えるだけでなく、真の黒幕の特定を困難にし、被害国からの非難、起訴、制裁、軍事行動などを受けにくくする狙いがあるのです。

ロシアや中国のサイバー攻撃に危機感を募らせているのは、米国政府だけではありません。

ドイツ内務省の下にある情報機関の連邦憲法擁護庁も、二〇一八年の報告書でイラン、ロシア、中国からのサイバー攻撃やサイバー諜報活動に警鐘を鳴らしています。中でも、ドイツの政府、反体制派、人権団体、研究所、航空宇宙・防衛・石油化学業界などへのイランからのサイバー攻撃は、詳しい原因は不明ですが、一四年から増え続け、特に一七年に急増したとのことです。

イランがドイツに対してサイバー攻撃を仕掛けている背景には、両国の対立があると思われます。ドイツはイランによるミサイル開発や核開発を非難しており、対イスラエル外交も対照的です。一七年は、イランと米国、中国、ロシア、英国、ドイツ、フランスの七カ国が署名した一五年の核合意について「イランの順守を認めることができない」と米国政府が表明、イランへの経済制裁が再発動されるかどうかで揺れた年でした。またイスラエルを巡っては、一八年一月、ドイツの外相がイラン大使を呼び、イスラエルとの関係が強いドイツ市民と組織へのスパイ活動が国内法を著しく侵害していると強く非難し、そうしたスパイ活動を止めるよう要求しました。

一方、ロシアは、ドイツの政治的、経済的、学術的、技術的なターゲットに対してサイバー諜報活動を仕掛けるため、相当の組織力と予算を投入していると連邦憲法擁護庁は考えています。また、「ロシアの情報機関は、ドイツ政府を弱体化させ、ＥＵによるロシアへの制裁を支持し続けにくくするため、一七年の連邦議会選挙の頃から、プロパガンダを通じてドイツ国内の世論操作を試みている」とドイツの情報機関は分析しています。

中国も、ドイツの建設・資材研究や、機械・製造系などの大手企業に対しサイバー諜報活動を行っているという報道があります。

ITで取り払われた安全保障とビジネスの壁

インターネットのなかった時代であれば、戦争によって町が蹂躙《じゅうりん》され、爆弾が投下されて無辜《むこ》の市民が死傷するといったことにでもならない限り、国の安全保障と日常生活やビジネス活動とはかけ離れた世界であったかもしれません。しかし、インターネットを介して世界中が繋がっている二一世紀において、私たちの日常生活やビジネス活動にとって欠かせないITインフラは、軍・安全保障にとっても、サイバー攻撃の手段として不可欠です。軍事作戦に欠かせないミサイルなどの武器もコンピュータ制御され、ネットワークに繋がっており、軍人同士の情報のやりとりもコンピュータやメール、インターネットを介して行われています。

安全保障とビジネスの重なりの代表例が、二〇一八年以降、世界で大議論になっている第五世代移動通信システム（5G）問題です。安全保障とビジネスや国際貿易の間の垣根が低くなったからこそ、5Gという新たな通信システムにおいて、どのITインフラの製品を使うかが安全保障上の議論と米中貿易戦争の両方に飛び火し、世界中の政府と企業が複雑化した問題への対処に苦慮する結果となりました。安全保障とビジネスや国際貿易の間の垣根が低くなった問題は、今後も残ることでしょう。

一方、世論操作やプロパガンダで相手国の内部崩壊を狙う工作活動も変化しました。第二次世界大戦時であれば、敵国の戦意喪失や印象操作のために飛行機から投降を呼びかけるビラを撒いたり、スピーカーで呼びかけたりと手段が限られ、見つかれば撃墜など配布者の身に危害の及ぶ恐れがありました。でも今なら、匿名・偽名のSNSアカウントを使い、あっという間に不特定多数に情報を拡散し、国民が仲違いするよう焚きつけたり、世論操作を図ったりするだけでなく、他国の選挙へ介入することも可能です。しかも、あまりにSNSが日常生活やビジネス活動に溶け込んだ今、利用者から不信感を持たれにくく、工作活動を気付かれにくいという特性があります。

これだけでも相当解決の難しい、頭の痛くなるようなサイバー攻撃の問題をさらに複雑にしているのは、見えない敵を探り当てる守る側の能力や、法制度、国家間の外交上・経済上の関係です。第一章のカナダのノーテルやエストニアの事例で説明したように、「攻撃者が誰か、身元が特定できなければ指名手配できない」「指名手配できたとしても、犯人が海外にいれば逮捕が難しい」「逮捕しても、法律がサイバー攻撃の実態を反映したものになっていなければ、罰則と被害の大きさのバランスが取れない」という課題があります。また、サイバー攻撃を実施したとの容疑をかけられた国家は当然関与を否定し、当事国同士は緊張関係に陥るでしょう。

こうして世界の国々がサイバーセキュリティや世論操作の問題をどのように扱うべきか議

論している間にも、攻撃者たちはその技術を磨き、仲間を増やし、サイバー攻撃の準備を着々と進めているのです。自分たちの組織を被害から守るためには、まず攻撃者の意図や実態、組織体制を知って頂きたいと思います。「まさか、この情報が盗まれるはずがない」といった安易な思い込みに拘泥しがちな守る側とは対照的に、攻撃者が既成概念にとらわれず、どれほど柔軟な発想で巧妙な攻撃を仕掛けてきているのかを学んで頂くことが、防御力を高める第一歩となります。

ここでは北朝鮮、ロシア、中国で暗躍する攻撃者たちの実像に迫っていきましょう。

閉鎖性を逆手にとって強くなった北朝鮮

二〇〇六年以降、弾道ミサイル発射や核実験に対する国連の制裁が続き、外貨不足に喘ぐ北朝鮮にとって、サイバー攻撃は外貨獲得のための手段の一つです。一六年以降、北朝鮮が制裁逃れをしつつサイバー攻撃も使って外貨を獲得するようになったことは、一九年三月に発表された国連安全保障理事会の北朝鮮制裁委員会の専門家パネルの報告書で指摘されています。専門家パネルが北朝鮮のサイバー攻撃について言及したのは初めてであり、それだけ北朝鮮の脅威が見過ごすことのできない大きなものになっていることが窺えます。攻撃者の多くは、後述する対外工作機関「朝鮮人民軍偵察総局」の指揮下にいるとのことです。

ちなみに、どれだけ北朝鮮の外貨不足が深刻かというと、一七年時点での北朝鮮の外貨準備高は、僅か二〇億〜三〇億ドル（二二〇〇億〜三三〇〇億円）であり、同年のＧＤＰ（三〇七億ドル、三兆三七七〇億円）比で六・五〜九・八％でした。日本の一八年末の外貨準備高（一三七兆円）はＧＤＰ（五五〇・四兆円）比で二四・九％です。

専門家パネルは半年に一度、報告書を出しており、一九年九月の報告書でも、十七カ国の金融機関や仮想通貨交換業者に対し約三年間で少なくとも三十五回のサイバー攻撃を仕掛け、最大二〇億ドル（二二〇〇億円）を盗み、大量破壊兵器の開発に使ったとの疑いを指摘しています。被害に遭った国は、韓国、インド、バングラデシュ、チリなどです。従来型の銀行に比べて追跡が難しく、なおかつ政府の監視や規制が緩いからこそ、北朝鮮は仮想通貨交換業者も狙いました。

その他にも、一四年のソニー・ピクチャーズの従業員の個人情報や未公開映画の情報を流出させたサイバー攻撃や、一六年のバングラデシュ中央銀行から八一〇〇万ドル（八九億一〇〇〇万円）を盗んだサイバー攻撃にも北朝鮮が関与したとされます。

北朝鮮がこれだけサイバー攻撃で世界の耳目を集めるだけの能力を持つに至った理由は、矛盾して聞こえるかもしれませんが、サイバー空間の閉鎖性を逆手に取ったところにあります。北朝鮮国内はインターネットにほとんど繋がっていないため外国からのサイバー攻撃を受けにくく、被害も限られる反面、北朝鮮からは外国にサイバー攻撃を仕掛けられ、大きな成果を期待できる。これが北朝鮮ならではの強みなのです。

もう少し嚙み砕いて説明しましょう。

強大な軍事力と経済力を持つ国の最大の弱点は、ITに過剰に依存していることです。ITがなければ、製品・サービスの開発も売買も、情報の送受信も滞ります。また、軍事上の指揮統制も武器の運用も、ネットワークとの接続が前提となっています。つまり、サイバー攻撃で経済的、軍事的に大打撃を受けるリスクを抱えているのです。

一方、北朝鮮国内のインターネット普及率は〇・〇六％、世界で最もネットへの繋がりが制限されているため、外部からのサイバー攻撃への守りは強固です。一八年一月時点で北朝鮮のインターネット利用者数は僅か一万六千人であり、高級幹部や外交官、技術系の学生などごく少数のエリートしかアクセスが許されていません。ちなみに、日本のインターネット普及率は二〇一三年時点で八割を超えています。

補足すると、北朝鮮にインターネットサービスを提供しているのは、西側諸国の通信事業者ではなく、中国の中国聯合通信（チャイナ・ユニコム）とロシア最大手のトランステレコムです。また、北朝鮮製のアンドロイド改良版携帯電話もありますが、国外との通話やインターネットへの接続はできません。

一九九〇年代始めまで、当時の金正日総書記はインターネットの開放が自国の偶像崇拝的支配にとって脅威になると考えており、政権維持のため情報統制すべしとの立場でした。しかし、海外に行っていた北朝鮮のコンピュータ専門家たちが帰国すると、米国や韓国などの敵に対してスパイ活動や遠隔攻撃をするのにインターネットを使うよう進言しました。数多くのサイバー攻撃者の養成に携わり、後に脱北した金恒光《キムヘングワン》は、当時中国から帰ってきた専門家に話を聞いたところ、「中国はすでに（サイバー攻撃を）実施している」と言われたそうです。

金正日総書記は、こうした専門家の意見を聞いて考えを改め、一九九六年の段階で、前線部隊に対し「これからの戦争はコンピュータの戦争になる」と演説していたそうです。まず朝鮮労働党がサイバー攻撃に関心を示し、一九九四年から十五人を中国の人民解放軍の学校に送って、ハッキング技術を学ばせました。一方、朝鮮人民軍がサイバー攻撃教育を本格的に始めたのは九六年であり、二年後にサイバー攻撃担当部署の121局を設立しています。121局については後述します。そして二〇〇九年頃から、韓国は北朝鮮からと思われるサイバー攻撃を受けるようになりました。

二〇一一年に金正恩・朝鮮労働党委員長が後を継ぐと、北朝鮮のサイバー戦能力を拡大し、情報の窃取にも注力するようになりました。韓国政府の情報機関によると、金正恩委員長は繰り返し、「核兵器とミサイルとサイバー戦があってこそ、我が軍の情け容赦ない攻撃能力を保証する『万能の剣』となる」と宣言しています。

小学生の時から英才IT教育

こうしてサイバー攻撃の能力を重視するようになった北朝鮮は、攻撃者の育成にも力を入れるようになりました。しかし、前述のように北朝鮮の一般家庭ではパソコンがないのはもちろん、インターネットにも繋がっていないのが普通です。そのような環境で、小学生でコンピュータに触れることが許されるのは、算数や理科で抜群に優れた成績を修めた児童のみです。さらに選抜された優秀な児童たちは、コンピュータやプログラミングについてみっちり英才教育を受けるため、平壌にある六年制の金星第一高等中学校や金星第二高等中学校へ進みます。一学年あたり百〜百五十人程度で、生徒の七割は男子です。

拓殖大学の高永喆《コヨンチョル》客員研究員によると、特に優秀な生徒には豪華な食事や、地方にいる両親と一緒に住める平壌市内の住居などの特典が与えられます。

北朝鮮内ではプログラミングの能力を競う子供向けの大会が開かれており、勝ち上がった最優秀の子供たちだけが大学に進めるのです。サイバー攻撃のやり方について勉強を始めるのは、大学に入ってからになります。

攻撃者を養成しているのは、金日成軍事総合大学、金一軍事大学、金策工業総合大学や牡丹峰《モランボン》大学です。平壌市内で一九八六年に設立され、有刺鉄線に囲まれた金一軍事大学（当時は朝鮮自動化大学）は、毎年二千五百人以上が受験し、入学できるのはわずか百人です。五年間教育を受け、卒業した学生は引く手あまたで１２１局にも入ります。

また、情報機関である朝鮮人民軍偵察総局が九〇年代に作った牡丹峰大学も、サイバー攻撃の専門家を育成しています。優秀なプログラマーの場合、牡丹峰大学や美林大学でサイバー攻撃について学びます。一方、金日成軍事総合大学や金策工業総合大学では、ソフトウェア開発も教えています。

優秀な学生の多くは、さらに中国やロシアのトップ校に留学し、コンピュータ科学を学びます。しかし、ＦＢＩによると、国連で勤務する北朝鮮人の中にはこっそりニューヨーク市内の大学に入り、プログラミングの授業を受講している者もいるそうです。また毎年、エリート兵士五十〜六十人を国外に派遣しコンピュータ科学を学ばせていると見られ、相当の投資をしています。注目すべきなのは、イランと北朝鮮はミサイル技術だけでなくサイバー分野でも協力関係にあることです。ニューヨーク・タイムズ紙は「サイバー分野において、イランは北朝鮮に重要なことを教えた。敵の銀行や取引システム、石油パイプラインや水道、ダム、病院、都市がインターネットに繋がっていれば、大損害を与える機会は無限にあるのだ」と報じています。

北朝鮮サイバー部隊の組織編成

北朝鮮は、サイバー攻撃の最大の脅威となる国の一つと米国から見なされるだけの攻撃能力を持ち、しかも短期間で攻撃を担う要員数を伸ばしました。二〇一三年以降、一七年までに北朝鮮はサイバー部隊の人数を三千人から七千人に倍増させたと韓国政府は見積もっています。現在では、サイバー攻撃を実際に行う人数は千七百人程度、研修や指示出しなどの支援を行う者は五千人以上です。

北朝鮮の軍事予算のうち、サイバー関連予算の占める割合は、一〜二割という異例の高さです。米国政府が一九年三月に発表した二〇年度の国防予算の概算要求額は七五〇〇億ドル（八二兆五〇〇〇億円）、そのうちサイバー関連予算は一％強の九六億ドル（一兆五六〇億円）に過ぎなかった事実を見れば、北朝鮮がいかにサイバー攻撃能力を重視しているかが分かります。

こうした北朝鮮の攻撃能力の増強を受け、韓国軍もサイバー能力の急激な向上を迫られました。〇九年七月四日の米国の独立記念日に発生した北朝鮮からの大規模ＤＤｏＳ攻撃が米国政府や韓国政府、米韓の銀行やマスコミのウェブサイトを襲い、一部のウェブサイトが一時ダウンしたり、閲覧が難しくなりました。この事件が韓国軍にとって大きな転機となり、翌年にはサイバー司令部を発足させました。当初は五百人規模でしたが、一五年には千人に倍増しました。韓国国防部直轄のサイバー司令部は、研究開発（31部隊）、サイバー戦（510部隊）、心理戦（530部隊）、教育・訓練（590部隊）の四つの機能に分かれています。

さて、米国や韓国も一目置く存在にまで膨れ上がった北朝鮮のサイバー部隊は、どのような体制になっているのでしょうか。

二〇一六年、それまで北朝鮮の最高指導機関だった国防委員会が廃止され、代わりに国務委員会が設立されました。国務委員会の下に、朝鮮人民軍の作戦計画を担当している朝鮮人民軍総参謀部や対外防諜・特殊工作機関の偵察総局があります。この総参謀部と偵察総局に、北朝鮮のサイバー部隊のメンバーの多くが所属していると見られます。

北朝鮮のサイバー部隊の組織図とその訳語には複数の説があります。この本で主に参照したのは、二〇一九年にＮＡＴＯサイバー防衛協力センターのウェブサイトで発表された北朝

図表2-3　北朝鮮のサイバー部隊の組織図

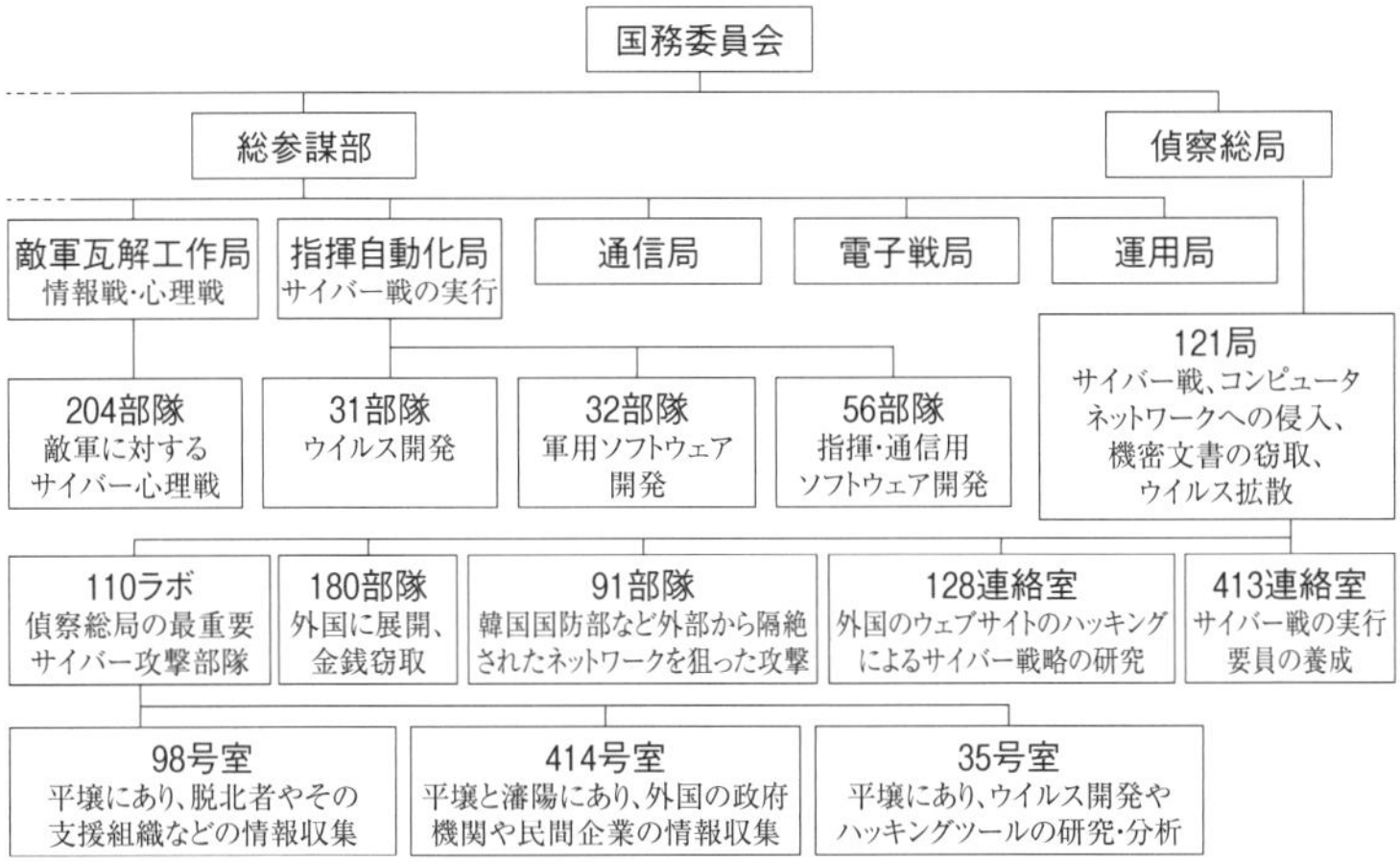

出典：以下を参考に作成
https://ccdcoe.org/uploads/2019/06/Art_08_The-All-Purpose-Sword.pdf, p.4-6
http://www.koreaherald.com/view.php?ud = 20140727000135

鮮のサイバー攻撃と戦略に関する韓国人研究者たちによる英語論文です。

総参謀部は、北朝鮮の軍事戦略にサイバー攻撃能力など最先端の技術を取り入れます。総参謀部の下には、敵軍瓦解工作局と指揮自動化局、運用局などがぶら下がっています。敵軍瓦解工作局は情報戦と心理戦を、その傘下の２０４部隊は敵軍へのサイバー心理戦を担当します。サイバー戦を行う指揮自動化局には31部隊、32部隊と56部隊がぶら下がっており、それぞれ、ウイルス開発、軍用ソフトウェア開発、指揮・通信用ソフトウェア開発を担当しています。運用局は直接サイバー攻撃を行わないものの、サイバー部隊の計画作りや戦略や任務の定義付けといった重要な役割を担っている部署です。

北朝鮮の偵察総局の下にも、サイバー

攻撃を担当する部署が複数あります。そのうちの一つである121局と呼ばれる部署は、敵のコンピュータネットワークに侵入して、機密文書を盗み出したり、ウイルスを広めたりする役割を担っています。エリート部署の121局は一九九八年に五百人で発足し、二〇一四年時点で千八百人ほどの規模にまで増えました。その後、組織改編時に、交通、通信、ガス、電力、原子力、航空など外国の重要インフラに対するサイバー攻撃を行う新たな任務が与えられました。

121局の元将校で二〇〇七年に脱北した張世烈《チャンセヨル》は、金一軍事大学で一九八七〜九二年にサイバー戦について学びました。張は、121局の職員はエリート中のエリートの高給取りであり、選ばれるのは非常に名誉なことだと思われていると語っています。地方の出身者であれば、家族全員を平壌に連れてきて住むことが許され、親戚も恩恵を受けられます。また、外国から持って帰ってきた炊飯器やカメラのような高級電子機器を所有しているハッカーたちは、人々の羨望の的だったようです。

次に、敵軍へのサイバー攻撃を任務としている110ラボは、偵察総局の中でも最重要のサイバー攻撃部隊と位置付けられています。同ラボの出身者には、ソニー・ピクチャーズへのサイバー攻撃に関わった容疑で二〇一八年九月に米司法省に起訴された北朝鮮籍の朴金浩《パクジンヒョク》（起訴時点で三十四歳）がいます。平壌市内の金策工業総合大学の卒業生であり、英語と中国語もできるエリートでした。

110ラボの下には三つの室があり、平壌にある98号室は、脱北者やその支援組織、海外にある北朝鮮関連の研究機関、韓国の教授などの情報を収集します。平壌と中国・瀋陽にある４１４号室は、外国の政府機関や民間企業の情報を収集します。なお、４１４号室は朝鮮労働党傘下の運用局に存在し、「４１４連絡室」と呼ばれているとの説もあります。一方、３５号室は平壌にあり、ウイルス開発の他、脆弱性やハッキングツールの研究・分析を行っています。

同じく偵察総局傘下の１８０部隊は、たいてい外国に展開しており、北朝鮮との繋がりを隠しつつ、金融機関にサイバー攻撃を仕掛けて金を盗んでいます。

また、９１部隊は、北朝鮮の核開発や長距離ミサイル開発に必要な技術を先進国から盗んでくるためのサイバー攻撃を担っています。また、韓国水力・原子力発電会社などの重要インフラ企業や韓国国防部など外部から隔絶されたITネットワークを狙った攻撃を実施しています。

加えて、１２８連絡室は、外国のインテリジェンス系のウェブサイトをハッキングして、相手のサイバー戦略について研究しており、４１３連絡室は、サイバー戦を実行する専門家を養成しています。

海外に潜伏する北朝鮮のハッカーたち

前述のように、北朝鮮国内のインターネット接続は限られており、サイバー攻撃を行うには不便です。大規模なサイバー攻撃を行うには、それなりのインターネット接続環境が必要であるため、金正恩委員長は、北朝鮮と強固な関係を持つ隣国の中国の他、北朝鮮労働者を受け入れているインド、マレーシア、ネパール、インドネシア、ケニア、モザンビーク、ポーランドにもサイバー部隊を展開させました。

海外に潜伏したサイバー部隊のメンバーは、普段は商社、北朝鮮企業の海外支店や中国や東南アジアの合弁企業の社員として働き、外貨を稼ぎます。海外にいても、自由を謳歌できる訳ではなく、北朝鮮政権を裏切らないかどうか監視役に常時見張られる日々が続くのです。二〇一九年一月の朝鮮日報の報道によれば、海外に展開している北朝鮮のハッカーグループの数は二百あり、それぞれ五~十人のハッカーが所属しています。北朝鮮への制裁が続く中、彼らの任務は、ウイルス感染させて情報を盗み、外貨を得ることです。各グループが毎年平壌に送金する額は、四〇万~一〇〇万ドル（四四〇〇万~一億一〇〇〇万円）に及びます。

121局は、中国での大規模な活動を二〇〇五年に開始しました。その展開先の一つが朝鮮族の多く住む中国東北部、遼寧省の省都・瀋陽です。ただし、産経新聞によると、〇三年五月頃、金正日総書記が瀋陽に潜伏中のサイバー部隊二十人あまりを平壌に呼び、盛大な慰労会を開いたとされ、瀋陽での活動を北朝鮮が開始したのは〇五年より前とも考えられます。

瀋陽には、北朝鮮系の七宝山《チルボサン》ホテルがあり、121局のハッキング活動の拠点となっていました。東亜日報によれば、このホテルで活動していたサイバー部隊のメンバーは二十~三十人程度です。七宝山ホテルが北朝鮮系であり、ハッカーの拠点になっているという報道は二〇一四年には出ていました。

瀋陽のIPアドレスは、北朝鮮からと思われるサイバー攻撃でしばしば使われていることで知られています。IPアドレスとはネットワークに接続された機器に割り当てられた番号で、これを見るとインターネット接続された場所が分かるため、サイバー攻撃の発信元の手がかりになります。しかし、巧妙な攻撃者であれば、偽の手がかりとしてわざと特定のIPアドレスを残すこともあるため、IPアドレスだけで攻撃者の特定はできません。

例えば、二〇一六年九月、韓国軍の国防統合データセンターが初めてハッキングされ、金正恩委員長の斬首作戦や米韓両軍の最新の軍事計画を含む、A4判にして千五百万枚相当の大量の情報が盗まれました。このサイバー攻撃にも瀋陽のIPアドレスが使われていたのです。

ところが、国連安全保障理事会の北朝鮮制裁決議に基づき、一七年九月、中国商務省が国内全ての北朝鮮企業に対し、制裁決議採択より百二十日後の翌年一月九日までの閉鎖を通達しました。七宝山ホテルにいた北朝鮮ハッカーたちは、二カ月後の十一月末にはサイバー攻撃に使う装置をまとめて撤収しています。おそらく、閉鎖に伴い、不法行為が発覚することを恐れての判断だったと見られます。ホテル自体は、一八年一月に閉鎖されました。

北朝鮮の咸興コンピュータ技術大学で二十三年間コンピュータ科学を教え、二〇〇四年に韓国に亡命した金恒光によると、優秀な教え子の場合、卒業前に軍に見出され、さらに特別教育を受けさせられます。ハッカー候補生の多くは中国に送られますが、中には日本やヨーロッパに送り込まれる者もいたとのことでした。

中国に潜伏していた北朝鮮人ハッカーAの物語

前述の国連専門家パネルが二〇一九年九月に出した報告書によると、北朝鮮は、ソフトウェアの開発者など数百人のIT技術者をアジアやヨーロッパ、アフリカ、中東に送り込んで働かせ、経済制裁をすり抜けて外貨稼ぎをさせています。技術者の身元と国籍を偽装するため、書類上では地元住民が経営していることになっている企業で働かせているとのことです。彼らは、違法ではない仕事もしますが、サイバー攻撃も行って仮想通貨を不正に得ています。月当たりの稼ぎは三〇〇〇〜五〇〇〇ドル（三三万〜五五万円）ですが、その大半は本国に送金しなければなりません。

そうしたIT技術者が実際にどんな暮らしをしているのか、二〇一八年二月八日付のブルームバーグ・ビジネスウィークの記事から見てみましょう。

後に脱北した北朝鮮人ハッカーAは、中国東北部の狭苦しい三階建ての建物で、仲間と一緒に年一〇万ドル（一一〇〇万円）の外貨獲得のノルマを課せられていました。自分の分け前として取っておくことが許されるのは、わずか一割未満、自分の取り分を勝手に増やせば厳罰が待っています。

一九八〇年代前半生まれのAは、生き物が好きな少年として平壌で育ちました。大きくなったら医者になりたい、と思っていたのですが、学校の成績を見た当局がコンピュータ科学を学ぶよう命じたのです。大好きな教科の勉強をとりあげられてがっかりしても、嫌とは言えませんでした。

大学三年生になった九〇年代後半、選抜されて中国留学が許されました。留学中は驚きの連続でした。当局から送られてきた監視役がたまたまいい加減だったため、中国人学生と一緒に飲み会やダンスに行ったり、キャンプを楽しんだりして、青春を謳歌できたのです。

Aが一番びっくりしたのは、インターネットがほぼ無制限に使えたことでした。北朝鮮ではインターネット接続が制限されており、コンピュータの画面に文字や表を出すぐらいしかできませんでした。

北朝鮮に帰国後、学部を卒業し、政府の一般ソフトウェア開発部門で働くため、修士課程に進みました。そして念願叶って政府のソフトウェア開発部門に配属されたと思った矢先、「(北朝鮮のIT分野の)偉大な未来のために」中国に行ってソフトウェア研究をするよう命ぜられたのです。

中国に置かれたダミーの北朝鮮ソフトウェア企業の社屋兼社員寮の三階建ての建物には、北朝鮮のエリート大学を卒業したばかりの若者数十人がいました。三階には簡易式ベッドが置いてあり、そこでみんな寝起きをします。一階と二階が仕事場で、コンピュータがそこかしこに置かれていましたが、人数分はなかったため、Aは当初、同僚に金を払ってコンピュータを一時的に借りなければなりませんでした。

Aの「業務」は、ビデオゲームやセキュリティソフトの海賊版を作っては、オンラインで売ることでした。顧客は世界中にいましたが、多くは言語上、意思疎通の取りやすい中国人と韓国人だったそうです。

仕事が忙しくないときは、同僚と一緒にオンラインカジノのウェブサイトをハッキングし、プレイヤーたちの手持ちの札を盗み見て、その情報を他のプレイヤーに売って小銭を稼ぐようになりました。

Aは、韓国軍から機密情報を盗んだり、ランサムウェアを仕掛けるといったサイバー攻撃には関与していなかったと主張しています。とはいえ、Aの言葉を借りれば、「北朝鮮は金のためならなんでもする。たとえ、相手に盗んでくれと頼むことになっても」であり、サイバー攻撃は行われていただろうとAは考えています。

ここまで、外貨不足という北朝鮮によるサイバー攻撃の裏事情や、軍や情報機関で働く若者たちの様子について見てきました。北朝鮮が国家戦略として、サイバー攻撃を担わせるべく人々を幼少期から選抜して育成し、インターネット接続環境の良い海外に展開させているのがお分かり頂けたかと思います。

次に、サイバー攻撃大国の一つであるロシアについて見ていきましょう。

一九八〇年代からサイバー攻撃を利用し始めたロシア

外貨獲得という金銭目的の傾向が強い北朝鮮のサイバー攻撃に対し、ロシアはスパイ活動とＳＮＳを使った情報戦による世論操作、リアル世界の戦争とサイバー攻撃を組み合わせて敵国を妨害するなど、幅広い攻撃能力を持っているのが特徴です。

戦争において、空爆など伝統的な軍事行動とサイバー攻撃を組み合わせる方法が初めて示されたのは、二〇〇八年でした。同年八月、黒海東岸にある人口三百七十万人の国ジョージアに対してロシアが空爆など軍事攻撃を行った際、ジョージアの大統領の公式ウェブサイトや外務省、国防省など政府機関のウェブサイトの大半に大量のデータを送りつけるＤＤｏＳ攻撃も並行して行われ、ウェブサイトが閲覧不能に陥りました。他にも、報道機関や通信企業、国立銀行のウェブサイトも同様の攻撃で被害を受けただけでなく、大統領と外務省のウェブサイトが改竄され、大統領とヒトラーの顔写真が交互に映し出されるように変えられてしまいました。

ジョージア政府は、ロシアによる犯行と非難しましたが、ロシア政府は関与を否定しています。

第一章でご紹介した二〇〇七年のエストニアの事例は、サイバー攻撃によって国の機能を麻痺させることができるだけでなく、民主主義国家に対して政治的に介入することも可能であることが証明されました。そして、その一年後に起きたジョージアへのサイバー攻撃は、戦争のあり方について安全保障の専門家の間で再考を促すものでした。空爆など伝統的な軍事攻撃だけでなく、それと組み合わせて、ＤＤｏＳ攻撃やウェブサイトの改竄など様々なサイバー攻撃を行い、情報戦、心理戦を仕掛けるという、いわば新時代の戦争のあり方が世界に示されたのです。

前述のとおり、サイバー攻撃の能力を保有している国はロシアだけでなく、他に少なくとも三十カ国はあります。しかし、これだけ射程を広く、多様な攻撃を仕掛けられるようになった国はロシアをおいてなかなかありません。ロシアがなぜ世界に先んじてサイバー攻撃を通じてスパイ活動と情報戦を仕掛けるようになったのか、その歴史的背景を探っていきましょう。

ロシアがサイバー攻撃を使って機密情報を盗んだ事例が確認されたのは、遅くともインターネット黎明期の一九八六年、ソビエト連邦の時代に遡ります。これは、ハッカーが諜報活動に従事したとして起訴された初めての事例ともなりました。

今では存在して当たり前のインターネットサービスプロバイダーですが、営利目的のサービスが開始されたのは米国で一九八九年、日本で一九九二年でした。科学技術振興のための連邦政府機関である米国国立科学財団が持っていた八六年当時のネットワーク回線速度は、僅か五六ｋｂｐｓでした。一〇〇万ｋｂｐｓである一Ｇｂｐｓが実現されている現在の感覚からすると、亀の歩みのような遅さでした。先進的な米国政府ですら現在より格段に制限されたＩＴ環境しか持っておらず、ましてや一般人にとってコンピュータやインターネットは遠い存在だった時代に、ロシアは新たな手法であるサイバー攻撃を使ってスパイ活動を行っていたのです。

ソ連が初めてサイバー攻撃による情報窃取を行った八六年は、ちょうど東西冷戦真っ只中でした。ソ連の弾道ミサイル能力の強化に危機感を持ったレーガン米大統領が、八三年に大陸間弾道ミサイルを迎撃・撃墜するための防衛能力構築プロジェクトである「スターウォーズ計画」を発表、推進した時期に重なります。

米国とソ連が軍事力の増強でしのぎを削っている最中の八六年九月、米陸軍のロケット試験に関する情報についてITネットワークを介して盗もうとしている者がいることにコンピュータ科学などを専門とするローレンス・バークレー国立研究所（米カリフォルニア州）の所員が気付き、陸軍に通報しました。

当時、米国政府でこのサイバー攻撃の対応に当たったのが、FBIや情報機関のCIA、国家安全保障局（NSA）でした。今のようにサイバー攻撃への対処策が確立していない時代に、米国政府が苦肉の策で思いついたのが、囮《おとり》を使うことでした。「戦略防衛構想（スターウォーズ計画の正式名称）」と題した数千ページある偽の文書を、気の遠くなるような作業の末に作成、ハッカーが引っかかるのを待ったのです。そして、三年後の八九年、複数の米国政府機関との協力の下、西ドイツ警察はハノーバー、ハンブルク、西ベルリンの三都市の家屋とアパート十五カ所以上を捜索、偽の文書に食いついてきた攻撃者たち五人を逮捕しました。

逮捕された西ドイツ市民のうち三人は、八五年にソ連の情報機関KGBに雇われていました。現金とドラッグと引き換えに、何と米国だけでなく、日本や英国、フランス、イタリア、スイス、西ドイツから盗んだ機密情報を東ドイツに潜伏していたKGBの工作員に二年以上もの間渡し続けていたのです。首謀者の二十八歳の男は、ハノーバー市内の小さなコンピュータ企業でプログラマーとして働きつつ、KGBから報酬として五万四〇〇〇ドル（約六〇〇万円）とコカインを受け取っていました。KGBは、数千ページにわたる米軍の機密文書や、米軍のコンピュータのパスワード、米軍のITネットワークをハッキングするための手口の詳細を手に入れていたのです。

この事件からソ連政府も被害にあった米国政府も、それぞれの立場で大きな教訓を得ました。たとえ技術的に優位に立っていても、相手国がサイバー攻撃能力を持っていれば、自国の優れた技術情報を手軽に、しかもコストをかけずに盗めることが明らかになったのです。残念ながら、サイバー攻撃による諜報活動はその後も進化を遂げながら続いています。

チェチェン紛争を機に見直した情報戦のあり方

ロシアが情報というものの扱い方を見直すきっかけになったのが、一九九四～九六年の第一次チェチェン紛争です。ロシア軍はチェチェンから完全撤退を迫られるという屈辱を味わいました。

二〇〇〇年に大統領に就任したプーチンは、自由な報道がチェチェンでの敗戦に繋がったと非難し、情報統制を訴えました。また同時に、情報を統制するだけでなく、情報発信を戦略的に活用することも思いついたのです。後に国防相になったイワノフ安全保障会議書記は、

「(チェチェンでの)真の戦いにおいてバーチャル戦争、つまりメディア戦争が進行中だ」と発言し、情報戦の活用を仄《ほの》めかしています。

○二年、情報機関のロシア連邦保安庁（FSB）にサイバー情報戦部門の「情報セキュリティセンター」が作られました。ソ連崩壊後、軍事費が大幅にカットされる中で、ロシア軍においてサイバー攻撃が存在感を持つようになったのは、前述した○八年の対ジョージア戦争でサイバー攻撃の「有効性」が証明された後の一三年と言われています。

二〇〇〇年代前半、ロシア政府はチェチェン独立派とイスラム教徒(チェチェンの住民の多くはイスラム教徒)のウェブサイトの取り締まりを行っていたものの、国外にあるサーバーを使ったウェブサイトに対しては手が出せませんでした。しかも西側諸国の協力も得られず、ウェブサイトの閉鎖を拒否されてしまったのです。

ところが、○二年一月、チェチェンの独立派の間で人気だったウェブサイトが学生運動により閉鎖に追い込まれたことで、情報戦に活用するべきプレイヤーが変わりました。FSBは学生運動を熱烈に支援し、ウェブサイトを閉鎖させたことを「市民として当然の行為」だと弁護までしたのです。

そして、政府の外の活動家、犯罪グループ、サイバーセキュリティ企業にサイバー攻撃を外注することの有効性にロシア政府は気付きました。外国からサイバー攻撃を非難されたとしても、ロシア政府の関与を否定しやすく、しかも攻撃のコストを削減できるからです。例えば、第一章で見たように、エストニアへのサイバー攻撃でも民間人が参加しています。

ロシアの情報機関の役割

さて、以上のようなサイバー攻撃の歴史を持つロシア政府において、実際にサイバー攻撃に従事している人々はどのような組織で働きながら、どういった活動をしているのでしょうか。

ロシア政府でサイバー攻撃に従事していると見られているのは、ロシア連邦軍参謀本部情報総局（ＧＲＵ）とＦＳＢです。ロシアのサイバー部隊の規模は二〇一七年時点で千人ほどと推定されています。

モスクワ市内に本部を持つ軍の情報機関である参謀本部情報総局は、一〇年に参謀本部総局（ＧＵ）に名称変更されましたが、その後も欧米や日本ではＧＲＵという呼称が広く使われているため、この本でも「ＧＲＵ」と呼ぶことにします。ＧＲＵは一九一八年に設立され、九一年のソ連崩壊後も残り、冷戦中は発展途上国でのロシアの影響力拡大と先進国の軍事情報の窃取に取り組みました。

ＧＲＵの組織構成、人数、予算は国家機密とされており、一般向けのウェブサイトすらありません。ＧＲＵの表向きの任務は、大統領と政府に軍事インテリジェンスを報告し、ロシアの軍事、経済、技術面の安全を確保することです。ワレリー・ゲラシモフ参謀総長とセルゲイ・ショイグ国防相に直接報告ができます。

しかし、ＧＲＵ職員の真の任務とは、外交官パスポートを持たず、偽の身元を装って暮らしながら、モスクワ本部からの指令が来るまで何年でも待ち、時には次のような暗殺計画にも携わることとされています。

例えば、これは未遂に終わった暗殺事件ですが、二〇一八年三月、ロシア人のセルゲイ・スクリパリと娘のユリアが猛毒の神経剤による襲撃を受け、英国南部ソールズベリーのショッピングセンターのベンチに意識不明の状態で倒れているところを発見されたという衝撃的な事件がありました。さらに驚くべきことには、被害者のスクリパリは何とロシアのＧＲＵ職員でありながら、英国政府のために情報を渡す二重スパイだったというのです。後日、英当局がスクリパリ親子の殺人未遂容疑で起訴したのは、ＧＲＵ職員のロシア人の男二人でした。ロシアは関与を否定していますが、英当局は、この容疑者二人が偽のパスポートを使ってモスクワからロンドンに入ったと考えています。

現在、ＧＲＵはロシアの情報戦、サイバー戦でますます重要な役割を担うようになり、インターネットを活用した心理戦やサイバー攻撃を行うようになりました。プーチン大統領から直接、支援を受けているため、多額の予算と活動の自由を与えられ、外交・法律面での厳しい審査を受けなくて済みます。

ＧＲＵは元々ロシア連邦軍の中の精鋭部隊と見なされており、世界の中でも最高レベルの能力を持ち、真の脅威となっている、とオランダの情報機関のトップは評しました。

ここでスクリパリ親子の暗殺未遂事件を取り上げたのは、その数週間後に発生した、オランダ・ハーグに所在する、化学兵器の全面禁止及び不拡散のための国際機関「化学兵器禁止機関」のコンピュータへのハッキング事件とも関連しているからです。この化学兵器禁止機関は、スクリパリ親子の暗殺未遂事件で使われた神経剤だけでなく、一八年四月にシリア国内の反体制派の拠点ドゥーマに対して使われた疑いのある化学兵器（攻撃で四十人以上が死亡）について調査中でした。ロシアはシリア内戦で、この化学兵器を使ったと見られるアサド政権側を支援しています。

同年十月、英国政府とオランダ政府は、GRUが化学兵器禁止機関に対しサイバー攻撃を仕掛けたものの、両国政府の情報機関の協力により、被害は阻止されたと発表し、ロシアを非難しました。オランダ政府の発表によると、GRUは当初、オランダ国外からサイバー攻撃しようとしたものの失敗したため、三十代から四十代のGRU職員の男四人が外交官パスポートで四月にハーグ入りしていました。オランダ政府は、男らを国外退去処分にしています。ロシアはこのサイバー攻撃への関与についても否定しました。

また、GRUは第一章でご紹介した二〇一六年の米大統領選挙への介入でも関与が疑われており、一八年七月に米司法省が図表2－4で示したGRU職員を訴追しています。

一方、旧ソ連時代の政府情報機関KGB（国家保安委員会）の後身であるロシア連邦保安庁（FSB）は、ロシア国内では対テロ・対諜報活動に国境警備を、国外ではプロパガンダや偽情報の発信を担当しています。プーチン大統領は、かつてKGBの諜報員であったことが知られており、FSBがKGBの機能を吸収することを助け、情報収集や特殊作戦の権限を認

図表2-4　2016年の米大統領選挙介入疑惑で訴追されたロシア人のFBIの指名手配書

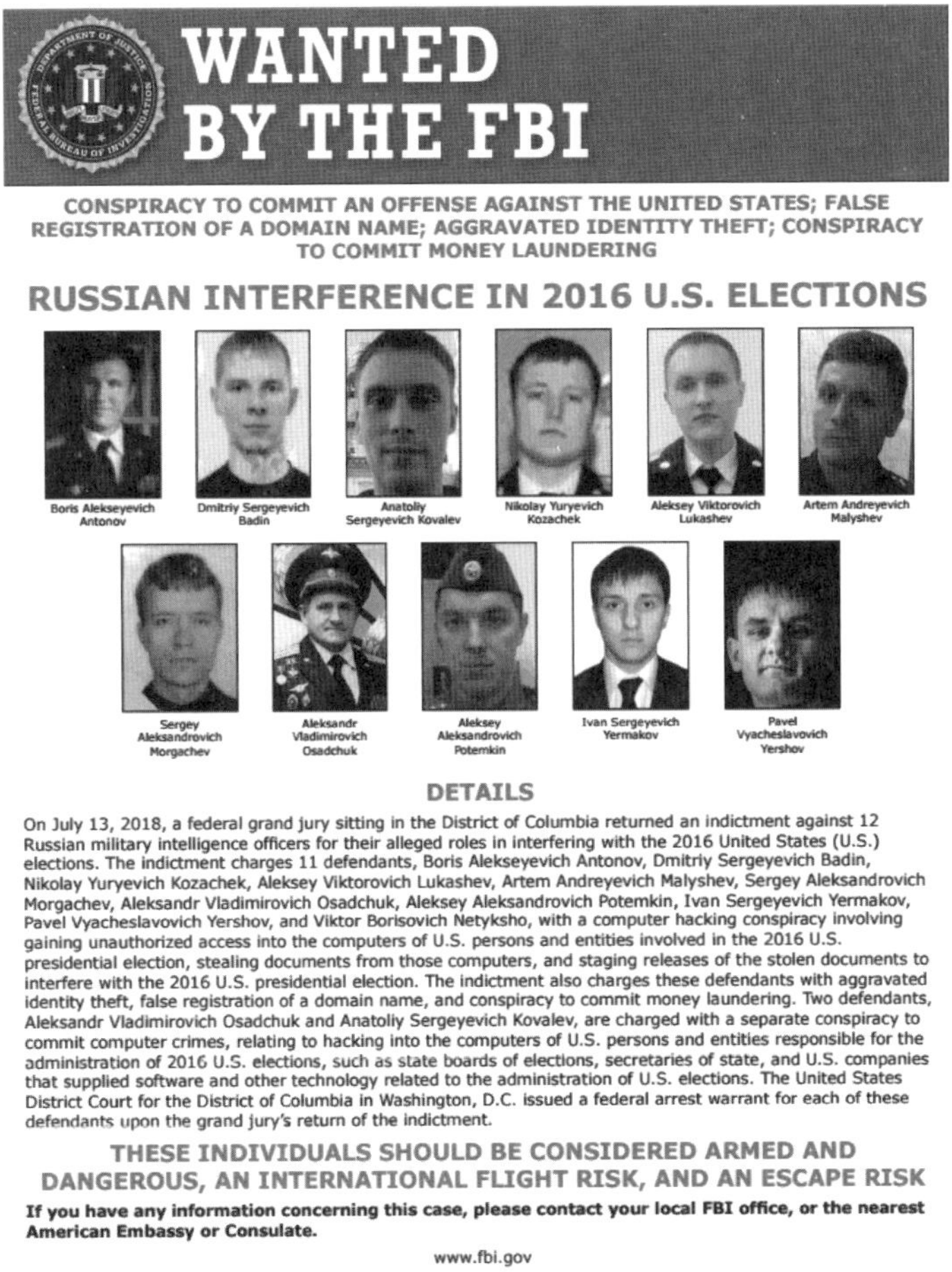

WANTED BY THE FBI

CONSPIRACY TO COMMIT AN OFFENSE AGAINST THE UNITED STATES; FALSE REGISTRATION OF A DOMAIN NAME; AGGRAVATED IDENTITY THEFT; CONSPIRACY TO COMMIT MONEY LAUNDERING

RUSSIAN INTERFERENCE IN 2016 U.S. ELECTIONS

Boris Alekseyevich Antonov
Dmitriy Sergeyevich Badin
Anatoliy Sergeyevich Kovalev
Nikolay Yuryevich Kozachek
Aleksey Viktorovich Lukashev
Artem Andreyevich Malyshev
Sergey Aleksandrovich Morgachev
Aleksandr Vladimirovich Osadchuk
Aleksey Aleksandrovich Potemkin
Ivan Sergeyevich Yermakov
Pavel Vyacheslavovich Yershov

DETAILS

On July 13, 2018, a federal grand jury sitting in the District of Columbia returned an indictment against 12 Russian military intelligence officers for their alleged roles in interfering with the 2016 United States (U.S.) elections. The indictment charges 11 defendants, Boris Alekseyevich Antonov, Dmitriy Sergeyevich Badin, Nikolay Yuryevich Kozachek, Aleksey Viktorovich Lukashev, Artem Andreyevich Malyshev, Sergey Aleksandrovich Morgachev, Aleksandr Vladimirovich Osadchuk, Aleksey Aleksandrovich Potemkin, Ivan Sergeyevich Yermakov, Pavel Vyacheslavovich Yershov, and Viktor Borisovich Netyksho, with a computer hacking conspiracy involving gaining unauthorized access into the computers of U.S. persons and entities involved in the 2016 U.S. presidential election, stealing documents from those computers, and staging releases of the stolen documents to interfere with the 2016 U.S. presidential election. The indictment also charges these defendants with aggravated identity theft, false registration of a domain name, and conspiracy to commit money laundering. Two defendants, Aleksandr Vladimirovich Osadchuk and Anatoliy Sergeyevich Kovalev, are charged with a separate conspiracy to commit computer crimes, relating to hacking into the computers of U.S. persons and entities responsible for the administration of 2016 U.S. elections, such as state boards of elections, secretaries of state, and U.S. companies that supplied software and other technology related to the administration of U.S. elections. The United States District Court for the District of Columbia in Washington, D.C. issued a federal arrest warrant for each of these defendants upon the grand jury's return of the indictment.

THESE INDIVIDUALS SHOULD BE CONSIDERED ARMED AND DANGEROUS, AN INTERNATIONAL FLIGHT RISK, AND AN ESCAPE RISK

If you have any information concerning this case, please contact your local FBI office, or the nearest American Embassy or Consulate.

www.fbi.gov

出典：https://www.fbi.gov/wanted/cyber/russian-interference-in-2016-u-s-elections

めました。

ＦＳＢについてもやはり、規模や予算は公表されていません。二〇一〇年時点で職員数は二十万人と見積もられています。ＦＳＢが関与したとされる事件には、後で紹介するヤフーアカウント三十億件のハッキングがあります。

情報機関の代理でサイバー攻撃を行う民間人

ロシアによるサイバー攻撃の特徴は、政府の情報機関だけが攻撃を行うのではなく、国の代理でサイバー攻撃を行う一般人の若者が国内外にいることです。外国人の若者が請負う事例についてはこの次に説明するとして、まず、ロシア人の若者たちがなぜ国家の代わりにサイバー攻撃を行うのかについて説明しましょう。その背景には、ロシアの経済状況がありま す。経済制裁が続くロシアは、二〇一四年以降、一八年までにＧＤＰが六％減少したと見積もられており、経済的苦境に立たされています。失業率は一四年から一九年にかけて五〜六％の間で推移し、大きく変動はしていないものの、約三百七十万人の失業者の半数を占めるのは実は二十〜三十四歳の若者で、しかも若年層の失業率は上がっています。大学や大学院の学位を持っていても仕事が見つからず、都市部の生活費が上がっているため結婚しても子供を持てない若者が増えています。

ロシアの若年層には、理数系、特にコンピュータに強い人材が豊富にいるにもかかわらず、十分な給与を得られる人はわずかです。そのため、国からするとサイバー攻撃が目的であっても人手を集めることは比較的容易と言われています。ただし、ロシア政府は民間のハッカー集団の利用を否定しています。

ロシア政府が民間人を政府の代理として使う理由は主に二つあります。第一に、費用対効果が高いからです。技術的な支援をほとんどする必要がなく、標的にする組織や個人のリストと攻撃の方向性さえ指示すれば、あとは素早く仲間を集め、自力でサイバー攻撃を仕掛け、目的を達成すれば解散します。ロシアに数多くいるとされる政治的、愛国的なハッカーたちはたとえ無償でも、サイバー攻撃が自分たちの思想に合致すると思えば、攻撃に参加します。

第二に、ロシア政府が第三者である一般人を使うことで、サイバー攻撃の捜査を攪乱《かくらん》でき、真の黒幕である政府にまで追及の手がのびることを避けることができます。被害者が攻撃の痕跡を一生懸命に調べても、政府のコンピュータやＩＰアドレスに直接結びつくような証拠が見つかるとは限らないのです。

サイバー攻撃請負人だった放蕩カナダ人青年

攻撃者の中には、ストイックに自らのスキルの研鑽と目標の攻略を目指すかたわら、質素な生活を送る人たちもいれば、稼いだお金を高級車や飲食で散財するだけでなく、ＳＮＳで見せびらかすことに喜びを感じる人たちもいます。極端な事例ではありますが、攻撃者の生活ぶりを知る数少ない機会ですので一つご紹介しましょう。

二〇一七年十月、三十億件以上という膨大な数のヤフーのメールアカウントなどがハッキングされ、個人情報が盗まれていたというニュースが明らかになりました。前年の発表では十億件の流出とされていたものが、一気に三倍に膨らんだ格好です。既に一七年三月に米司法省に起訴され、禁錮七年十カ月を求刑された二十二歳のカナダ人カリム・バラトフは、後者の〝見せびらかす〟タイプでした。フェイスブックには、顔が映りそうなほどピカピカの黒いベンツとアストンマーチンの間で、すまし顔でポーズを決めるバラトフの写真がアップされています。ちなみに、FSBの要員二人とロシア人の攻撃者一人も一緒に起訴されましたが、三人共ロシア在住のため、逮捕されたのはカナダ在住のバラトフだけでした。

本人のフェイスブックやインスタグラムの写真を見る限り、バラトフは高級車や両腕に入れたタトゥー、筋肉増強のためのサプリに大枚をつぎ込んでいたようです。SNSには、腕の筋肉を誇示する自撮り写真がこまめにアップされ、あらゆる種類の筋肉増強サプリを試しているとのコメントが付いていました。

五年の間に、アストンマーチン、ポルシェ、アウディ、ランボルギーニ、ベンツが一台ずつ、BMWは三台買って、自分の名前を大書したナンバープレートを付けていました。アストンマーチンとベンツのローンは二十一歳の頃に既に支払いを終えています。

同級生によると、バラトフは、高校時代から高級ブランドの服で身を包み高級車を乗り回し、同級生にも何でも買い与え、夕食をおごる生活を送っていました。友達に好かれるのは自分が大金を持っているからだということも自覚していたようです。高校時代の友人は「いい奴だから付き合っていたけれど、何をして稼いでいたかには注意して見ていなかった」と語っています。

ネットの自己紹介欄には、プロのコンピュータプログラマーで株取引もまめにしている、と書き込んでいました。「十四歳の時には両親の収入の合計額よりも多く稼ぐようになり、十五歳で初めて百万（単位は不明）稼いだ」と書いています。また、ロシアや中国の人たちにウェブサーバーやウェブサービスを提供すると宣伝したロシア語のサイトも持っていました。

フェイスブックの書き込みによると、バラトフは「冗談で元友人を殺そうと脅迫した」ため、高校を停学処分となりましたが、本人は停学のお陰で「仕事」に集中する時間ができたと捉えていたようです。その後、バラトフは退学処分になっています。

二十歳の頃には、両親と見られる「中年カップル」と一緒にカナダ・オンタリオ州内の閑静な高級住宅地に、二階建ての近代的な家を六四万二五〇〇カナダドル（五三八〇万円）で購入しました。近隣住民は、「なんか変な奴だった。若いのになんでこんなにたくさん車を持っているんだ？」との印象を持っていました。バラトフは一人で静かに暮らしており、「中年カップル」が時々来ては家事をしていたそうです。

バラトフは、当初、無罪を主張していましたが、その後一転して、逮捕されるまでの七年間、フリーメールアカウントをハッキングしていたとの容疑を認めました。被害者にインターネットサービス企業の社員を装ったフィッシングメールを送って、偽のパスワードリセットページに誘導し、自分の現在のパスワードを入力させてその情報を盗んでいたのです。情報が取れると、証拠としてスクリーンショットを自分の「顧客」に送り、報酬の支払いと引き換えにログイン情報を送付します。バラトフはパスワード一個につき約一〇〇米ドル（一万一〇〇〇円）徴収していました。

米司法当局は、バラトフがFSBから少なくともアカウント八十個のハッキングを依頼されていた他、それ以外にも七年間にわたって一万一千個以上のアカウントをハッキングしていたと考えています。

FSBの要員二人はヤフーから盗んだ情報を使って、ロシア人ジャーナリスト、米国政府やロシア政府の職員、金融機関の社員などをスパイしていた容疑がかけられています。そして、グーグルやロシアのインターネットサービス企業であるヤンデックスなど他のフリーメールアカウントを使っているFSB以外のロシア政府機関や東欧の政府機関の職員をハッキングしたいときは、偽名を使ってバラトフにハッキングを依頼していました。

バラトフは前述のように浪費家で宵越しの金は持たないタイプであり、逮捕時、自宅に三万カナダドル（二五〇万円）、米国のオンライン決済サービスであるペイパルのアカウントに一五〇〇米ドル（一六万五〇〇〇円）、財布には九〇〇カナダドル（七万五〇〇〇円）しかなかったと報じられています。

弁護士は、ロシアの情報機関に雇われていると本人は知らなかった、ただプログラミングに魅了された、好奇心の強い青年であり、害を及ぼすつもりは全くなかったと主張し、心から反省しているとして四十五カ月間の刑期に減刑を求めました。

バラトフは、司法取引に応じ、二〇一八年五月に五年の禁錮と二五万米ドル（二七五〇万円）の罰金という判決を受けました。

ロシアと米国との間には犯罪人引き渡し条約が結ばれていないため、起訴されたロシア人が米国の法廷に出廷する可能性はほとんどありません。それでも、バラトフだけでも起訴し、有罪判決を裁判所が下したのは、国家によるサイバー攻撃に個人が加担すればどれだけ重い罪に問われるか見せつけるためだったと思われます。

産業スパイ活動が中国で重視される背景

最後に、中国におけるサイバー攻撃を見てみましょう。中国のサイバー攻撃の特徴は、安全保障や外交に関する機密情報を外国の政府から盗むだけでなく、商業的利益を得るために民間企業、大学・研究機関から最新技術などの知的財産を盗む産業スパイ活動も行なっていることです。

なぜ中国で商業的利益のための諜報活動が重視されるようになったのか。それを知るには、改革開放を推し進めていた鄧小平時代にまで遡らなければなりません。一九八六年三月に発表されたため通称「八六三計画（国家高技術研究発展計画）」と呼ばれる中国のハイテク促進プロジェクトの下、ナノテクノロジー、ＩＴ、バイオテクノロジーなどのハイテク分野で西側諸国に追いつけ追い越せを中国は目指しました。

しかも、ハイテク技術を手っ取り早く獲得するため、「米国企業から技術情報を密かに盗むようになった」のです。そう糾弾したのは、二〇一一年に米国政府が出した「外国による経済諜報活動に関する議会報告書二〇〇九－二〇一一　サイバー空間で外国スパイが米国の経済機密情報を盗んでいる」というレポートでした。

中国の経済諜報活動は、リアル世界とサイバー世界とを組み合わせ、標的組織の中で働いている人々を悪用するものです。先の議会報告書は、「中国の情報機関だけでなく中国企業も、（標的である）社内のネットワークへのアクセス権を持っている人が家族にいる中国人や中華系の人々を利用し、可換型媒体装置やメールで企業秘密を盗ませている」と分析しました。

盗みのターゲットになっているのは、戦闘機関連文書のような、私たちの日常生活からかけ離れた軍事技術だけではありません。最先端の製造技術もターゲットになっています。例えば、二〇〇六年から米国の自動車会社フォード・モーターの中国の支店に勤務していた中国人エンジニアの男は、中国にある次の職場の工場へ行く前に外付けハードディスクドライブにフォードの車の設計書など、企業秘密に関する四千件以上の文書を入れて持ち出していたことが判明、〇九年にシカゴで逮捕され、一一年に禁錮七十カ月の実刑判決を受けました。彼はフォードを辞めた後、北京自動車グループに入っています。

ジェームズ・コミーFBI長官（当時）は、一四年十月に米CBSのテレビ番組に出演した際、「中国のサイバー攻撃により、米国経済は毎年数十億ドル（数千億円）の損害を受けている」と批判しました。中国のサイバー攻撃によって、どれだけ多くの被害を米国企業が受けているか、どれだけ米国政府がそれを苦々しく思っているかがよく分かる発言です。

一九九九年、中国人民解放軍空軍の政治部の大佐二人が共著で出した『超限戦』という本の中で、今後の新しい戦争は従来の軍事的な手段に縛られるものではなくなると予想し、「敵のネットワークを攻撃すれば、市民の電力網、信号、金融取引、電話、マスコミのネットワークも全て麻痺することになり、敵は社会的混乱、暴動、政治的危機に陥るだろう」と記しました。この本は、何故か『超限戦：米国を破壊するための中国の基本計画』という扇情的な題名で英訳出版されたため、中国の好戦的なサイバー戦略に対する懸念が英語圏で高まりました。しかし、この本から言えるのは、人民解放軍の中には早い段階からサイバー攻撃の有効性に注目していた人がいたということに過ぎず、人民解放軍全体がこのような考え方を持っていたとは断定できない、というのが中国専門家たちの見方です。

軍全体の戦略を知る上での必読書は、人民解放軍軍事科学院が不定期に出版している安全保障専門誌の『戦略学』です。中国政府は、米国をはじめとする西側諸国から非難を受けても、サイバー攻撃に関与していることはずっと否定してきました。ところが、二〇一五年、一転してサイバー攻撃能力を持った部隊が中国の情報機関と人民解放軍に存在することを『戦略学』で認めたのです。

それまで人民解放軍が繰り返してきた「中国の軍はハッカーによる攻撃もハッキングも支援したことはない」という判を押したような回答は、もはや使えなくなったことを意味するため、米国のサイバーセキュリティの専門家の間でかなりの驚きをもって受け止められました。そして同年十二月、人民解放軍はサイバー部隊である戦略支援部隊を作っています。

産業スパイを巡る米中の対立

ここで留意すべきなのは、中国政府が民間企業を狙った商業的利益のための諜報活動に軍などが関わることを是としているのに対し、米国政府はそれを認めておらず、米中間には根本的な立場の違いがあるという点です。米国政府は、安全保障のための政府や軍に対する諜報活動と商業的な利益を得ることを目的とした民間企業への諜報活動を峻別しており、米国企業に商業的利益をもたらすための産業スパイ活動はしないと明言しています。

実際、米国には、国防に関する情報を盗まれた場合の対処法であるスパイ防止法（一九一七年成立）と、製造技術情報など企業秘密を盗まれた場合の対処法である経済スパイ防止法（一九九六年成立）の二つの別々の法律が存在しています。これは、米国政府が安全保障のための諜報活動と商業的利益のための産業スパイ活動とを区別している証左です。

ちなみに、経済スパイ防止法の下で最初に有罪になったのは、米航空機電子部品メーカーのロックウェルと米航空機メーカー大手ボーイングの元エンジニアの中国系米国人でした。

その男は、勤務先から不正に得た米軍輸送機、爆撃機などの航空宇宙・軍事の先端技術情報を三十年間にわたって中国政府に渡していた容疑で二〇〇八年に逮捕されたのです。その男の自宅からは三十万ページを超える機密文書が発見されており、ボーイングから盗まれた情報の価値は二〇億ドル（二二〇〇億円）と見られます。二〇一〇年、当時七十三歳だった男に百八十八カ月の禁錮刑が言い渡されました。

米国政府は中国に対し、米国の民間企業へのサイバー攻撃による産業スパイ活動をずっと非難し続けてきました。二〇一五年九月の米中首脳会談で、ようやくオバマ大統領と習近平国家主席が商業的な利益を得ることを目的としたサイバー攻撃の禁止で合意しました。しかし、根本的な解決には全くならず、三年後の一八年十二月、今度は米国政府だけでなく、英国政府、オーストラリア政府、ニュージーランド政府、日本政府もが、中国政府が民間企業へサイバー攻撃を行い、情報を盗んでいると非難する声明を出すに至ったのです。

中国のサイバー部隊の編成

中国政府でサイバー攻撃に関わっていると見られているのは、中国人民解放軍戦略支援部隊（旧総参謀部）と情報機関の国家安全部・公安部です。しかし、中国サイバー部隊の規模は、ベールに包まれています。

人民解放軍は、近年、サイバー空間を安全保障上の新たな領域としても、戦略的な強みを持つべき分野としても重視しています。中国経済のＩＴ依存が増す中、人民解放軍は平時においても、電磁・サイバー空間の防御が任務として与えられています。サイバー空間は、敵の傾向を理解し、戦闘計画を立て、リアルの戦場で勝利を収めるのに役立つと考えているのです。

戦略支援部隊の前身である総参謀部のサイバー部隊である第3部には十三万人が所属していたと報じられていました。二〇一五年十二月、人民解放軍は軍改革の一環として組織改編を行い、宇宙戦、サイバー戦、電子戦の機能を集約化した戦略支援部隊を作りました。組織改編に伴い、二つの組織図（図表2－5、2－6）に示すように総参謀部の第3部（技術偵察を担当）と第4部（対電子戦・レーダーを担当）、軍区と軍司令部の技術偵察部（ネットワーク偵察などを担当）が戦略支援部隊の中に吸収されました。

指揮統制機能を集約することで縦割り組織の弊害を克服し、偵察、攻撃、防御の能力を一つにまとめたサイバー部隊が出来上がったのです。偵察能力により、人民解放軍は今後サイバー攻撃を行う必要があるかどうかを判断するための技術的データを収集できます。また、サイバー攻撃能力があれば、敵の情報収集能力や後方支援活動、商業的活動に狙いを定め、交戦の初期段階で敵にダメージを与えられます。

米国議会の諮問委員会である米中経済安全保障調査委員会は、二〇一五年の年次報告書で、中国政府と中国政府が支援しているハッカーたちが米国政府や企業から個人情報や知的財産に関する情報を盗み、国営企業や民間企業に渡している、と非難しました。

図表2-5　組織改編前の人民解放軍の組織図

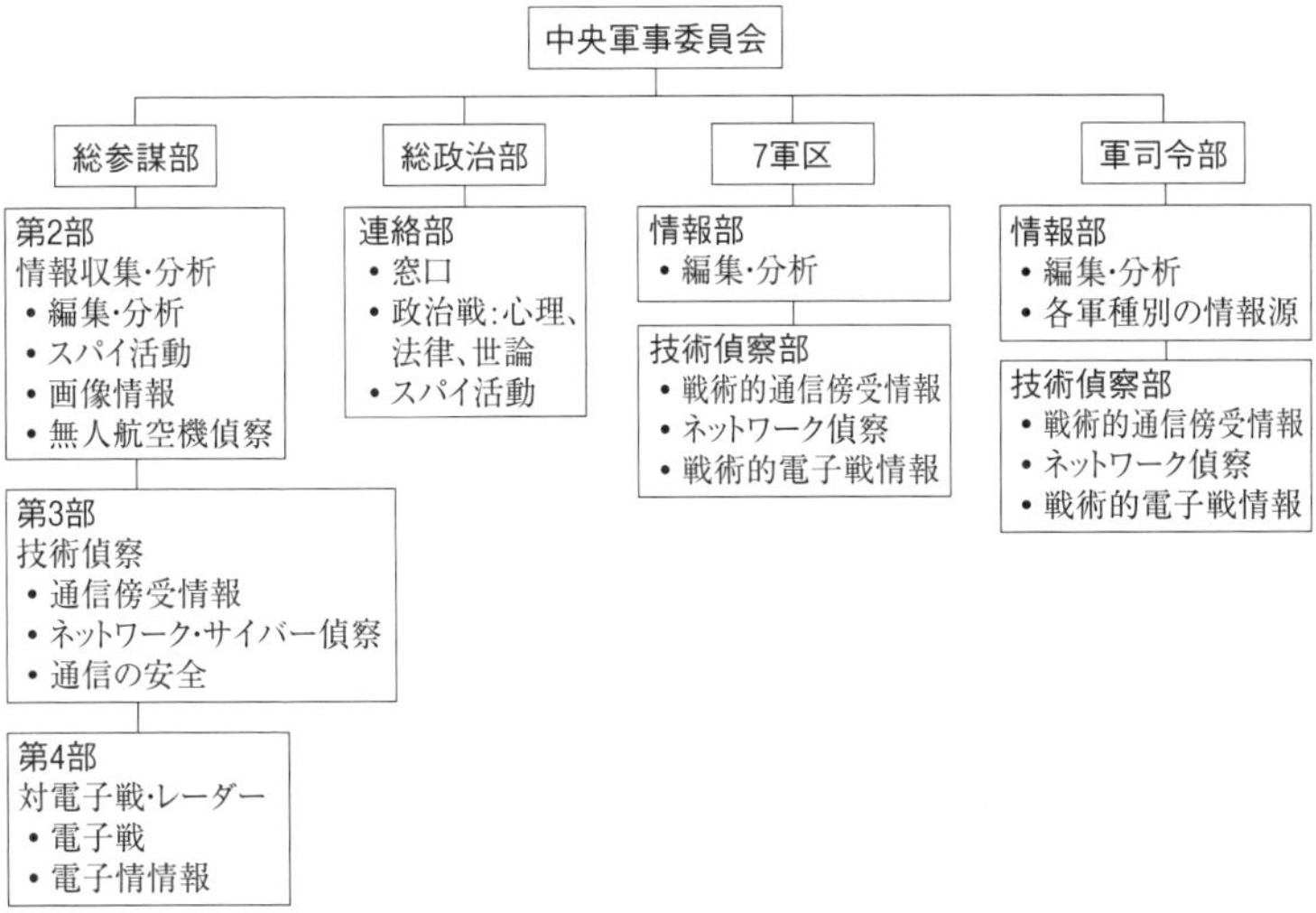

出典：https://jamestown.org/program/modernizing-military-intelligence-playing-catchup-part-two/

図表2-6　組織改編後の人民解放軍の組織図

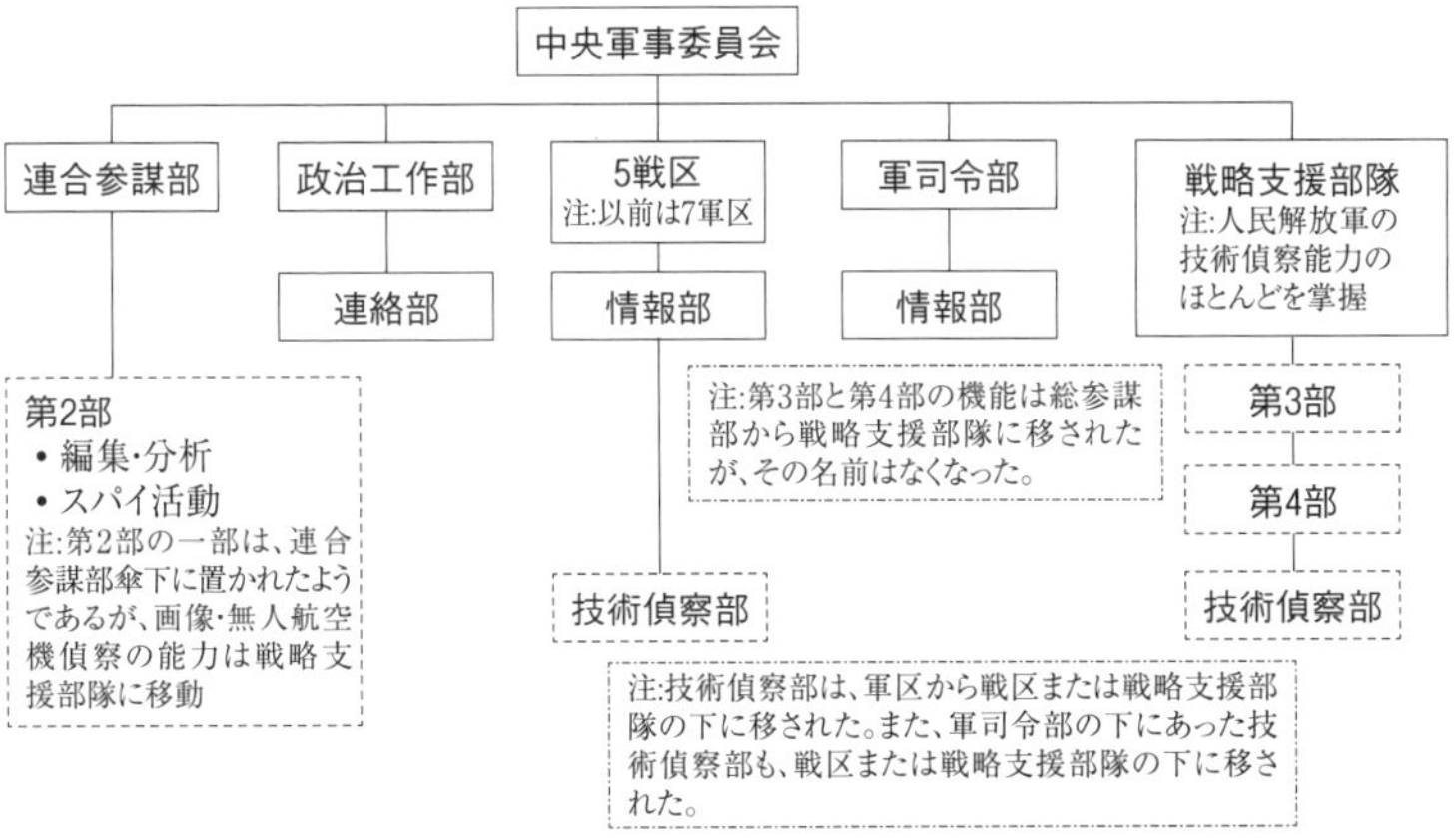

出典：https://www.janes.com/images/assets/484/68484/China_reorients_strategic_military_intelligence_edit.pdf, p.6

図表2-7　国家安全部・公安部を含む中国国務院の組織図

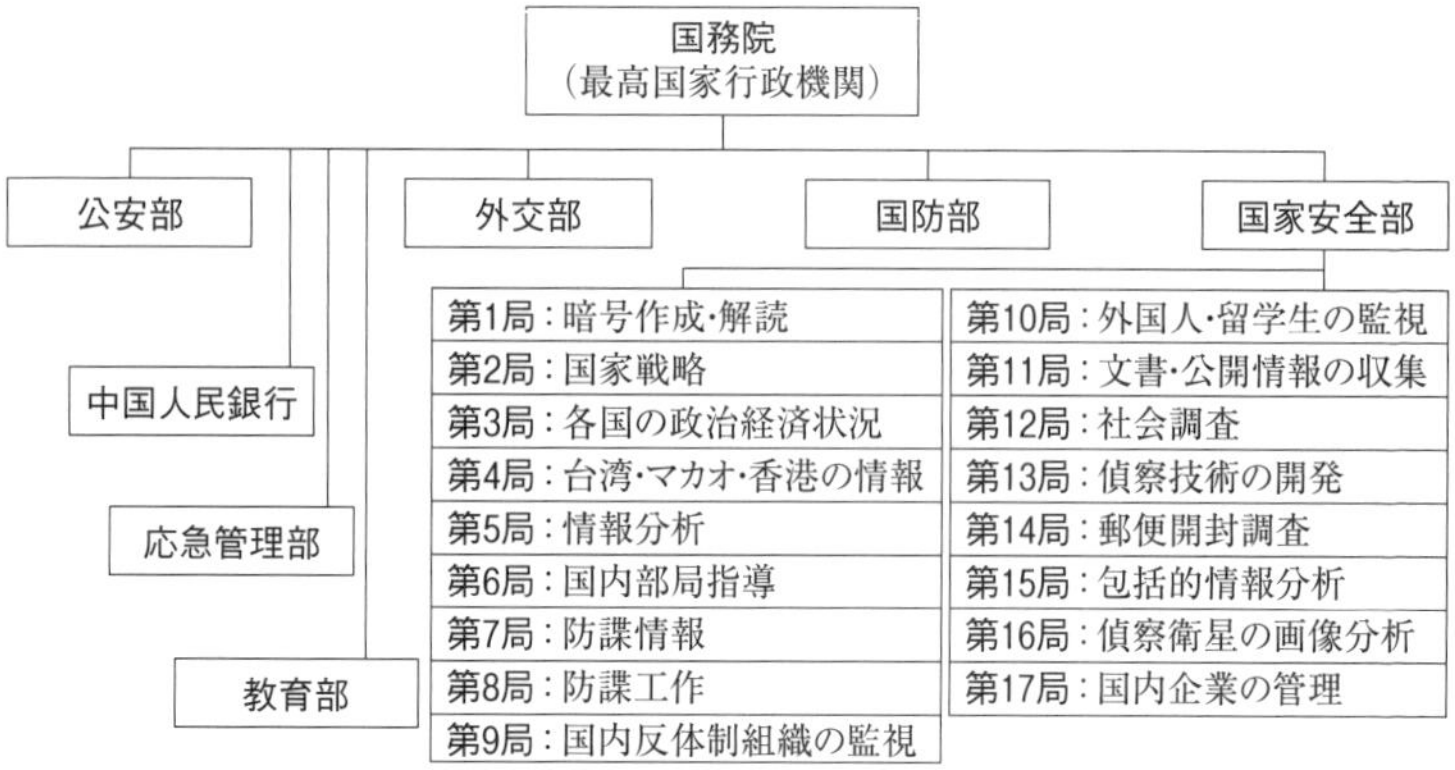

（国家安全部の組織図は山北篤『図解 組織・結社』を基に作成）

二つ目のサイバー部隊を抱える国家安全部は、一九八三年に設立され、中国国内の防諜の他、海外のインテリジェンス収集を担当しています。駐在武官、学者、国内外にいるスパイのネットワークを活用し、情報を収集します。外国人ビジネスマンに対する産業スパイ活動も含まれます。サイバースパイ活動の能力を近年強化しており、国家安全部が背後にいたと言われているサイバー攻撃には、第一章で触れた米連邦人事管理局やマリオットホテルからの個人情報の大量窃取があります。

また、二〇一八年十二月に米司法省が中国人ハッカー二人を世界中の企業や米国政府へのサイバースパイ容疑で訴追しました。このハッカー二人は、国家安全部と関係を持っているとされ、〇六年から米国、英国、日本など少なくとも十二カ国のネットワークに侵入し、四十五以上のハイテク企業や政府機関などから情報を盗んでいたと見られています。日本政府も、中国を拠点とするこのハッカーグループによる日本の民間企業や学術機関へのサイバー攻撃が起きていることを認め、非難声明を発表しました。

一方の中国政府は、サイバースパイ活動を海外から非難されるたびに容疑を否定しています。

三つ目の公安部は、警察機能と国内の治安を担っています。一九八三年に国家安全部が設立されると、防諜任務のほとんどが移管されました。

しかし近年になって、公安部は、国内の諜報と防諜で大きな役割を担うようになっています。予算の伸びと共に技術的にもサイバー能力が向上しており、大量の治安関係情報のデータベースを使うことで、巨大防諜機関になりました。

公安部は一部海外でも活動を行いますが、基本的には中国国内の反体制派や外国と繋がりを持っていると見られるグループを監視しています。その監視のために、国内外のハッカーたちに任務を与え、ハッカーたちの管理もします。

また、公安部傘下の中国人民公安大学のネットワーク攻撃・防御ラボやネットワークセキュリティ防御大学は、警察に対し、サイバー攻撃やスパイの方法を指導していると報じられています。

図表2-8　中国情報機関の情報源

人民解放軍	・画像情報 ・技術偵察・コンピュータネットワークから窃取した情報 ・特殊部隊 ・無人航空機 ・対外諜報部署 ・通信・電磁波の傍受情報
国家安全部	・国際的な秘密作戦による情報収集 ・対外諜報部署 ・技術偵察・コンピュータネットワークから窃取した情報 ・国内の情報源・協力者 ・研究機関との連携、対テロに関する公開情報に基づく研究
公安部	・インターネット・電気通信の登録データ ・チケットの購入履歴（例：航空機、電車） ・国内の情報源・協力者 ・都市部の監視カメラ ・交通監視カメラ（車のナンバープレート認識システム） ・対外諜報部署

出典：https://jamestown.org/program/new-law-reshapes-chinese-counterterrorism-policy-and-operations/

人民解放軍と共謀し米国企業から情報を盗んだカナダ在住中国人

ここでご紹介するのは、サイバースパイ活動を通じて米国企業から盗んだ情報を中国人民解放軍総参謀部に送っていた容疑で逮捕され、後に有罪判決を受けたカナダ在住の中国人ビジネスマンの事例です。

一般に、競合相手の持つ技術情報は、自分たちの力を増強させ、あるいは相手の弱点を把握する上でとても大事なものです。だからこそ、サイバー攻撃の標的になります。特に、他国の軍の使うシステムや兵器に関する情報は、自軍の強化や、自国の軍備の脆弱な箇所の把握につながります。長期的に見れば、自国の安全保障に役立ち、他国より有利になれるでしょう。

中国国籍のスー・ビンは、航空宇宙分野のビジネスマンで、北京で自分の航空技術会社を経営し、カナダ・バンクーバーにも事務所を持っていました。と言っても、本人とカナダとの繋がりは、バンクーバー事務所と同地にいる妻と二人の子供が住む家だけだったようです。二〇〇八年十月から一四年三月にかけて、スー・ビンは中国国内にいる人民解放軍空軍のハッカー二人と共謀し、ボーイング社などのコンピュータネットワークに不正アクセスして米軍の輸送機や戦闘機に関する技術的なデータを盗み、その情報を米国から中国へ送っていました。

航空宇宙の専門家であるスー・ビンは、コンピュータ侵入時に標的とする人物、企業、技術について共謀者たちにメールで指示を出す係でした。指示を受けた共謀者は、米国企業のコンピュータにアクセスし、アクセスできたファイルやフォルダがどれかをメールでスー・ビンに知らせます。その情報を受けて、どのファイルとフォルダを盗むべきか指示するという役割分担になっていました。共謀者は、コンピュータに侵入しても見つからないようにするため、サイバーセキュリティ製品による検知を回避する技術を使っていました。

スー・ビンは、ファイルを入手すると、どの情報を売れば儲かるか印を付け、一部のファイルの情報を英語から中国語に翻訳していました。こうして盗んだ情報や技術について、その価値を含めて報告書を作り、メールで人民解放軍総参謀部に送っていたのです。

スー・ビンは、米国の司法当局と司法取引に応じ、金銭的利益のために犯罪に手を染め、サイバースパイ活動で得たデータを売却することで利益を得ようとしていたと認めています。中国の国営企業に情報を何度も売って金を得ていたのですが、具体的にどれくらい儲けたのかFBIは明らかにしていません。当時スー・ビンがやりとりしていたメールには、大金が得られそうだという期待が書かれたものがいくつかあります。一方、三人の間で分け前を巡って口論となったケースもあり、腹を立てたスー・ビンが「奴らはドケチだよ！」と中国の航空機メーカーの幹部に書いたメールも残っています。

スー・ビンは二〇一四年七月にカナダで逮捕され、その後米国に身柄を移送され、軍事に関わる技術的なデータを盗むために共謀した罪で同年、刑事告訴されました。彼は罪を認め、

図表2-9　ダークウェブ上の違法フォーラムの仕組み

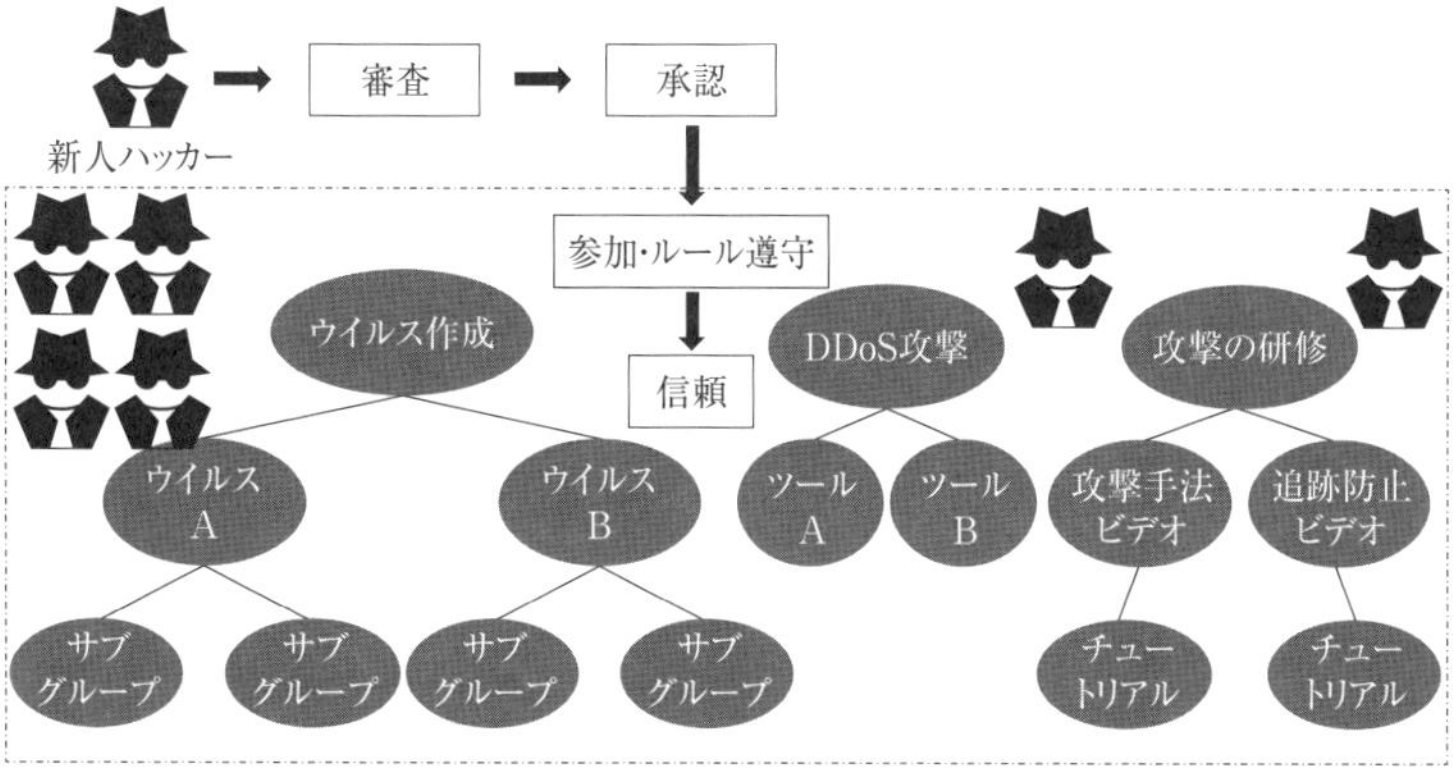

一六年七月、連邦刑務所での四十六カ月間の禁錮が確定（当時五十一歳）しています。

スー・ビンが盗んでいた情報の中には、米空軍のステルス戦闘機F－35の情報も含まれていました。一四年に中国が一般公開したステルス戦闘機J－31は、形状がF－35に非常に似ていたばかりか、飛行の仕方も類似点が見られると専門家に指摘されており、中国によるサイバー攻撃による結果だろうと考えられています。

闇社会で培われるサイバー犯罪者間の「信頼」

ここまで国家がからむサイバー攻撃の事例を見てきましたが、サイバー攻撃は政府が行うとは限らず、犯罪者が関与している場合もあります。本章の最後に、サイバー犯罪者たちがどのように闇の世界で連携して攻撃を実施しているのかご紹介しましょう。

残念ながら私たち守る側よりもサイバー犯罪者たち

の方がはるかにうまく連携しつつ（スキルアップのために投資までして）、自分たちの目的を達成しようとしていることが分かります。

こうした犯罪者が利用するのが「ダークウェブ」です。ダークウェブとは、通常のインターネット検索では見つからない特殊なウェブサイトのことを言い、接続経路を匿名化してくれるＴｏｒ《トーア》などの特別なシステムでしかアクセスできません。このシステムを使うことで、司法当局などからの追跡を困難にします。

ダークウェブには数多くの違法なフォーラムがあり、情報や盗品など様々なものが売買されています。武器、麻薬の他、サイバー攻撃で盗まれた個人情報、サイバー攻撃を行うための研修や、コンピュータウイルスなど攻撃用のツールなどがやり取りされています。

第一章でご紹介したランサムウェアも、月単位または年単位で契約できるパッケージがダークウェブで売買されています。例えば、「Ｒａｎｉｏｎ」という名前のランサムウェアの場合、最低限の機能のみ一カ月間使える一番安いパッケージは一二〇ドル（一万三二〇〇円）、色々なサポートや機能を追加すると一年間で一九〇〇ドル（二一万円弱）になります。サイバー犯罪者が自ら攻撃用ツールを開発しなくても済む体制になっているのです。

さらに、初心者用には、どのようにサイバー攻撃すれば良いのか、手取り足取り説明したビデオが用意されています。また、サイバー攻撃のやり方だけでなく、司法当局などに追跡されないよう自分の痕跡を隠す方法を丁寧に教えたチュートリアルまであるのです。至れり尽くせりのチュートリアルに感動し、お礼のコメントを残すメンバーもいるくらいです。

「信頼できる犯罪者」を探すには

ダークウェブ上の違法フォーラムには一つ大きな問題があります。それは、司法当局の覆面捜査官が入り込んで、匿名性を逆手に取ってサイバー犯罪の調査をしている可能性があることです。相手が「身元の確かな犯罪者」で「信頼」して商売をできる相手であるかどうか、必ずしも分からないのがネックです。

とある違法フォーラム上にサイバー攻撃で盗まれた大量の個人情報が出回った後、設立者兼管理者がしばらく姿を消したという事件がありました。逮捕されたのでは、という噂が瞬く間にフォーラム上に広がりました。

数日後、その設立者兼管理者はフォーラムに姿を現したものの、フォーラムはすぐに閉鎖され、別のハッカーが似たようなロゴとデザインのフォーラムを作りました。旧メンバーの何人かは戻ってきましたが、「サイトの管理者を信頼してもいいのか?」「いつも用心しろよ。信じられるのは自分だけだ」などと不安げなメッセージのやりとりが残っています。

こうした発言に対し、新管理者は、「司法当局やNSA（米国家安全保障局）の奴らのことは心配するな。司法当局らしき人間を見つけたら教えてくれ。適切な措置を取る。ここは奴らのための場所じゃない」と宣言しました。しかし、メンバー間の不安はなかなか収まらなかったようです。

フォーラムのメンバーの間で「信頼」に基づく協力関係を確立するために、犯罪者たちはルールを作っています。ルールを破る者や信頼を裏切った者には制裁が加えられるので、「秩序」が保たれます。

フォーラムでは実名ではなく、匿名でコミュニケーションが取られます。匿名のメンバーの間で信頼を確立するシステムは、ネット通販のユーザーレビューと似ているかもしれません。ネット通販の各商品のレビュー欄の投稿者は、多くの場合、匿名です。しかし、例えば「ABC」という匿名の客が繰り返しきちんとした商品レビューを投稿していくうちに、良いレビュアーとしての「信頼」を獲得することができます。ダークウェブのフォーラムでも、時間をかけることで自分の「評判」を高め、匿名のメンバー同士で「信頼」が得られるのです。

フォーラムは多層式になっており、トピックごとに細かくサブグループに分かれます。あるロシア語のダークウェブのフォーラムには、五千人のメンバーがおり、様々なサブグループに分かれています。扱われているトピックには、パスワード攻略のためのソフトウェア、DDoS攻撃の方法やツール、コンピュータウイルスの他、クレジットカード情報を盗み、それをダークウェブで売るにはどうすれば良いか、などもあります。

違法フォーラムのメンバーになりたい人は、まずフォーラムの正当性について説明した「運営基本方針」を読まなければなりません。それから厳しい審査が続きます。なぜこのフォーラムに参加したいのか、どんなITスキルがあって、どんなITスキルを学びたいのか、など数々の質問に答えなければなりません。晴れて審査に通れば、メンバーとして色々なトピックのサブグループの情報にアクセスできるようになります。

サイバー犯罪者たちが、ダークウェブ上でこれだけ緊密に連携し、懇切丁寧にサイバー攻撃の手法について教え合い、助け合っているのを知ると、私たち守る側も「人材育成やサイバーセキュリティ対策についての情報共有をもっとしなければ」という危機感に襲われるかと思います。


以上、北朝鮮、ロシア、中国、ダークウェブで暗躍する攻撃者の実態についてご説明しました。国家ぐるみ、組織ぐるみでターゲットの弱みを突いて、情報を盗み、妨害活動を仕掛けてくるサイバー攻撃の背景と目的が把握できると、第一章の事例もまた違う目で読んで頂けるかと思います。

これだけ手を替え品を替え攻撃を仕掛けてくる攻撃者に対抗するには、守る側も知識武装をした上で防御を固めなければなりません。次の第三章では企業でサイバー防御を担当している人たちの日常や働く環境についてスポットライトを当てます。

第三章　サイバー攻撃の最前線で戦うヒーローたち

第一章と第二章では、サイバー攻撃と攻撃者がいかに柔軟に進化を続け、被害を蔓延させているかを見てきました。しかし、標的とされる組織がこの複雑化するサイバー攻撃の状況にただただ手を拱《こまぬ》いていた訳ではありません。

サイバー攻撃者と戦う人たちが政府や企業など各組織にいるお陰で、組織の持つ大事な情報やコンピュータネットワークなどのＩＴインフラが守られています。こうした人材がいてこそ、私たちはメールやインターネット、ウェブサイトを安心安全に使うことができ、業務を円滑に遂行できるのです。

サイバーセキュリティの人材は、皆さんの職場にもいるのではないでしょうか。にもかかわらず、そうした人たちが毎日どのような業務に携わっているのか、どのような教育やスキルを持ってサイバーセキュリティという分野に入ってきたのか、一般にはほとんど知られていないと思います。

「サイバーセキュリティ人材」が具体的にどういう仕事をしている人たちなのかを、第三章では掘り下げていきます。サイバーセキュリティの最前線で戦っている人たちの実像、仕事のやりがい、置かれている環境の厳しさを是非皆さんに理解して頂きたいのです。皆さんの業務にこれだけＩＴが組み込まれている中、同僚や経営層の理解と支援なくして、彼らが本領を発揮し、職場のサイバーセキュリティを強化することは不可能だからです。

サイバーセキュリティチームの構成

日本の一般企業やサイバーセキュリティ企業において、どのようなサイバーセキュリティのチームを置いているかをまとめた組織図と、それぞれのチームの業務内容の例をまとめたものが図表３－１になります。企業によっては組織やチームの名称や位置付けが異なることもありますので、ご了承下さい。サイバーセキュリティ業務に関係する主なチームは、パソコンやメールなどの社内ＩＴインフラを運用する「情報システム部門」、サイバー攻撃の被害が出た時の駆け付け救助隊である「ＣＳＩＲＴ《シーサート》」（コンピュータ・セキュリティ・インシデント・レスポンス・チームの略）、サイバー攻撃を監視し、検知したらＣＳＩＲＴに知らせる「ＳＯＣ《ソック》」（セキュリティ・オペレーション・センターの略）、サイバー攻撃から顧客を守るための製品やサービスを作る「研究開発」チームです。

図表3-1　企業の規模別・サイバーセキュリティチームの構成例

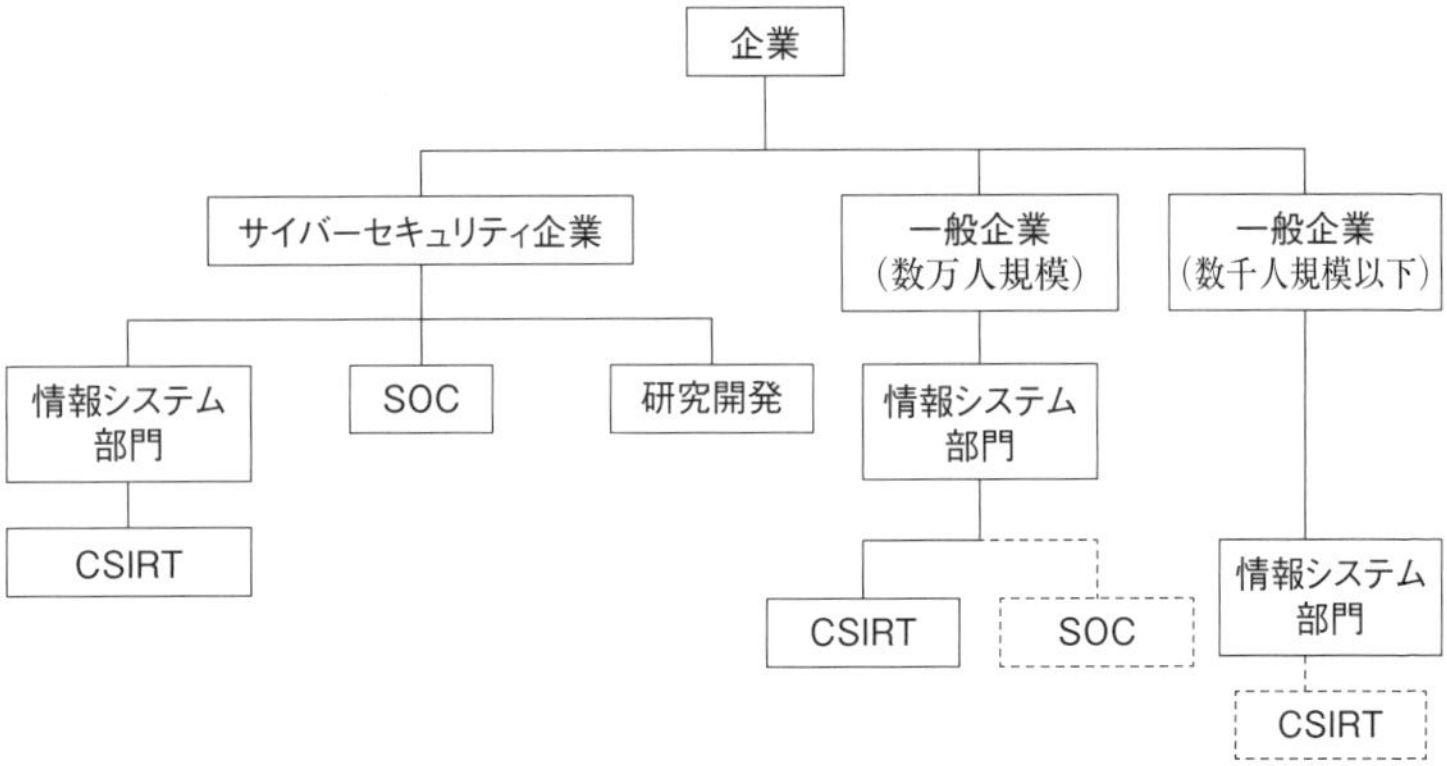

チーム	所属企業の種類	チーム規模	
情報システム部門	中小企業以外の企業	数人以上	情報システム部門で、社内ネットワークやメールシステムの担当者がサイバーセキュリティも兼任。SOC 的役割も担うが、業務のほとんどは社内の IT システムの更新・運用に割かれる。
CSIRT（シーサート）	社員数千人以上の大企業	数人〜数十人	自社へのサイバー攻撃について報告を受けた場合、調査をして、必要に応じてダメージの局所化やダメージを受けたシステムの回復、再発防止を担当する組織。社員研修を含め、社内のサイバーセキュリティ施策の検討・実施も行う。 なお、組織図例では CSIRT を情報システム部門直下としたが、企業によっては経営層直下など様々である。
SOC（ソック）	社員数万人以上の大企業 サイバーセキュリティ企業	様々	自社で運用するサイバーセキュリティ製品が検知するサイバー攻撃の情報を監視し、攻撃を検知すると、CSIRT に通報する組織。 サイバーセキュリティ企業の場合、顧客の企業が持っているサイバーセキュリティ製品を代行管理。その製品が検知するサイバー攻撃の情報を監視、攻撃を検知した場合、顧客の CSIRT に通報する組織。
研究開発	サイバーセキュリティ企業	様々	CSIRT や SOC で使う技術の研究開発を行う組織。新しい技術を使った製品が市場に出ると、複数社の製品を比較検討し、CSIRT や SOC で使う上で差別化できる機能を追加。

ITシステムの構築・運用・保守を担う情報システム部門

社内で使うコンピュータ、サーバー、メールなどのITシステムの構築・運用・保守を行う部門を一般的に「情報システム部門」と呼びます。情報システム部門の主な役割は、IT戦略・システム企画、基幹システムの構築・運用・保守、社内で使うコンピュータやネットワークなどのITインフラの構築・運用・保守、サポート・ヘルプデスクの四つです。

日本の大手企業の場合、人事・経理の基幹システムや顧客・販売管理の業務システムは、汎用ITシステムのカスタマイズではなく、独自開発することが伝統的に行われてきました。その分、情報システム部門は、ITシステムを運用し保守する上で独自のノウハウを持つことが求められてきたのです。最近、マイクロソフトの「オフィス365」の導入が日本企業でも進むようになり、また出張の経費計算・管理の「コンカー」、顧客・販売管理の「セールスフォース」など、社内でハードウェアやソフトウェアを持っていなくても、インターネットに繋がってさえいればいつでも使えるクラウドサービスも少しずつ広がってきました。そのため、情報システム部門に求められるITインフラの種類や知見も変わってきています。

この情報システム部門の中に、後でご紹介するサイバーセキュリティの専門部隊がいます。しかし、日本の企業で社員数が数千人規模の場合、そもそも情報システム部門全体で数人しかおらず、サイバーセキュリティ専任の社員を置く余裕がありません。そのため、部門にいる数人のＩＴ担当がサイバーセキュリティ担当も兼任しています。

こうした企業の場合、ＩＴ・サイバーセキュリティの担当者は、日々のＩＴシステムの更新・運用や社内の苦情対応に相当の時間を取られます。クラウドの導入など新しいＩＴプロジェクトを開始するにしても、まずプロジェクトの意義の説明や予算取りのための資料作りと打ち合わせをしなければなりません。その次にやっとサイバーセキュリティに取りかかれるかどうかです。

なぜこれだけ忙しいのかというと、情報システム部門での採用が進まず、人手が足りていないからです。バブルが崩壊してから、日本では全体的に新卒採用がずっと抑制されてきました。新卒を入れるとしても、会社の本業・利益に直結する、所謂《いわゆる》プロフィットセンターの部署が優先され、コストセンターと見なされがちな情報システム部門にはなかなか新人が配置されません。情報システム部門は、日頃の業務に支障を来したり、大切な情報を盗んだりするサイバー攻撃から企業を守るために欠かせない存在であるにもかかわらず、その大事な部署に新卒がほとんど入らない状況が三十年近く続いているのです。

残念ながら、情報システム部門では特に規模の小さい企業ほど「高齢化」が進み、今働いている人たちは四十代以上がほとんどです。工学や電子工学などコンピュータを大学で学んだ人たちもいますが、経済学部出身など必ずしも技術系の学位を取っていない社員もいます。意外に思われるかもしれませんが、世界的に見ても、サイバーセキュリティの仕事に就いている人でコンピュータ科学やサイバーセキュリティの学位を持っているのは、二〇一〇年代後半に入って以降もそれほど多くはありません。

中途採用も難題山積です。そもそも中途採用を行っていない企業もありますし、採用するにしてもアプリやゲーム開発など、ＩＴを専業とする企業の方に応募が集まります。また、製造業などそれぞれの企業の本業に憧れて応募する人はいても、ＩＴやサイバーセキュリティを担当したくて応募してくる人は少ないのが採用担当者にとって悩みのタネです。

中途採用したくても、人材は東京に一極集中しがちです。中には、古都というコンテンツを活かし、京都オフィスで優秀な外国人人材を採用することに成功したＬＩＮＥ株式会社のような例もあります。無料通信アプリを作るＬＩＮＥでは、現在、第三の開発拠点である京都オフィスで技術者がおよそ二十人働いていますが、そのうち半分は外国人です。二〇一八年に募集を始めたところ、なんと一千人が応募し、その八割が海外からの応募でした。

最低限の対策は進むが……

現状、社員が数千人規模の企業では、最低限のサイバーセキュリティ対策は進んでいます。例えば、「コンピュータやサーバーにアンチウイルスソフトを導入する」「ネットワークにウイルスが入ってきたり、情報を盗まれたりしないように、防火壁の役割を果たすファイアウォールや、不正アクセスされていないか検知するシステムを導入する」「迷惑メールやウイルスメールを検出するなどメールのセキュリティ対策を取る」「データが万が一持ち出されても大丈夫なように、ハードディスクのデータを暗号化する」などです。また、最近は、次々に生まれるサイバーセキュリティの製品を複数選定し、組み合わせて導入・運用するだけのスキルがない企業では、サイバーセキュリティ対策を統合して提供してくれるＵＴＭ(Unified Threat Management：統合脅威管理)という製品への関心が高まっています。

さて、こうした最低限の対策から、最新のサイバー攻撃に対応した一歩進んだ高度なサイバーセキュリティ対策を導入しようとした時にネックになるのが、人手不足、予算不足です。サイバーセキュリティ対策としては本来、企業にとって大事な技術情報や顧客・社員の情報が入っているネットワーク、コンピュータやサーバーなどのいわゆるエンドポイント、クラウドそれぞれにおいて、リスクを見える化し、サイバー攻撃があればすぐに検知できる能力を持つこと、そして自動で最新の攻撃情報を吸収し防御してくれる、ＡＩ等を活用したサイバーセキュリティのソリューションを導入することが必要です。

ところが残念ながら、米ＩＢＭが二〇一九年に出した情報漏洩コストに関するレポートを見ると、自動化技術を導入していない日本企業は五一％で、ドイツの三〇％、米国の四二％、英国の四六％より遅れています。この技術があるとないとでは、万が一情報が漏れた場合の対応費用が倍も異なり、導入は今後、日本にとって課題でしょう。

社内でサイバーセキュリティ人材が不足しているのであれば、こうしたサイバーセキュリティ対策と運用をＩＴ企業に外注して任せるしかありません。しかし、ここで予算の壁が立ちはだかります。無尽蔵に予算があるわけではなく、会社の本業の強化が優先される中で、予算取りでどこまで戦えるかは、経営層が最新のサイバー攻撃の脅威にどれだけ関心があり、サイバーセキュリティの重要性を理解しているか次第です。

日本では、同業他社がサイバーセキュリティの予算や人手を増やしたと聞くと、横並びで対策が進む傾向があります。逆に言えば、同業他社がやっていないと知ると、対策を取る意欲が残念ながら下がってしまいます。

サイバー攻撃被害への駆け付け救助隊「CSIRT」

サイバー攻撃被害が見つかった後、いち早く現場に駆け付け、救助を行ってくれるのが、「CSIRT《シーサート》」です。自社へのサイバー攻撃について報告を受けると、どんな攻撃による被害なのか調査をしつつ、被害の拡大防止やシステムの回復、再発防止を行います。

何か起きてから対応する受け身の組織に聞こえるかもしれません。しかし、最近は、リスクを最小化する積極的な予防措置も取るようになってきました。AIを使った製品を活用し、サイバー攻撃の予兆を示す異常を効率よく見つける努力もその一つです。また、社内のITシステムに脆弱性が隠れていないかどうか調査し、問題があればITチームに報告して、対処を依頼します。

CSIRT同士の連携・情報共有の促進を目的に二〇〇七年に設立された日本シーサート協議会によると、当初、社内にCSIRTを持った法人メンバーはわずか六組織に過ぎませんでしたが、一九年十月時点で加入法人数は三百六十九組織となりました。CSIRTを持っている企業が全て同協議会に所属している訳ではないので、日本国内でCSIRTを持つ企業の正確な数字は分かりませんが、それでもそうした企業が増えていることが窺えます。実際、「独立行政法人・情報処理推進機構（IPA）」によると、CSIRTまたはCSIRTの役割を担う人員のいる企業は、一六年時点で、日本企業の六七％弱を占めています。

不幸にしてサイバー攻撃による被害が発生し、その時になって慌てふためき、対応に遅れが出ては困ります。備えあれば憂いなしとの認識が企業間に広まってきたことがCSIRT設置企業の増加の背景にあります。

また、CSIRTを組織として社内で持っておくと、システムの脆弱性やサイバー攻撃について緊急連絡を取りたい人たちに対し、通報先を明確化できるというメリットもあります。「サイバー攻撃を受けているのではないか」との一報は、社外のサイバーセキュリティの専門家や企業など外部の第三者からも入ってきます。連絡先が分からなければ、企業のHPに載っている代表番号に電話せざるを得ません。見知らぬ他人から「御社はサイバー攻撃を受けているようですよ」と衝撃的なニュースを寝耳に水でいきなり伝えられたら、サイバーセキュリティやサイバー攻撃に詳しくない社員であればなおさら信じ難く、不審がっても当然かもしれません。実際、そういう反応はよくあります。そうこうしているうちに、被害はますます拡大します。

CSIRTに必要なのは、守るべき社内のITシステムのことをよく分かっており、サイイバー攻撃被害の調査時に助けとなる人たちです。しかし、配属されてすぐの頃は、ＩＴの知識はあっても、サイバーセキュリティ関連の実務経験は乏しいかもしれません。そんな場合は、サイバーセキュリティのスキルやサイバー攻撃の手法のイロハを教えてくれるサンズインスティテュートという米国のサイバーセキュリティ研修を提供する企業の一週間弱のコースなどで学んだり、社内ＯＪＴで研鑽を積みます。

有事の際のＣＳＩＲＴの対応プロセス

ＣＳＩＲＴの業務には、四つの段階（検知、対応優先度の決定、サイバー攻撃への処置、詳細分析）があります。

第一に、サイバー攻撃の検知です。サイバー攻撃が社内のネットワークに侵入していないか、情報が外に抜かれていないかを検知・防止するための防火壁の役割を果たすファイアウォールや、コンピュータに感染しようとするウイルスの監視と駆除を行うアンチウイルスソフトなどのサイバーセキュリティ製品から上がってくる情報を監視し、サイバー攻撃を検知します。

ここで皆さんに覚えておいて頂きたいのは、サイバー攻撃の予兆から検知を試みる種類のサイバーセキュリティ製品にはどうしても誤検知が付き物であり、製品が上げるアラート全てが実際のサイバー攻撃を示しているとは限らないという点です。残念ながら、攻撃者が次々に新手の攻撃を編み出している中、未来永劫、完全無欠のサイバーセキュリティ製品は存在しません。いったんサイバーセキュリティ製品が生まれると、その検知・防止機能を回避したサイバー攻撃の手法がどんどん作られる「いたちごっこ」は永遠に続くのです。

変化が激しい環境の中、サイバーセキュリティ製品は、場合によっては、本当はウイルスなのにウイルスと気付かないこともありますし、あるいは逆に、ウイルスではないにもかかわらずウイルスと勘違いするなどして、通信を止めてしまうこともあります。こうしたことは、本業への大きな支障となりかねません。

そうした事態を防ぐため、サイバーセキュリティ企業は製品のサイバー攻撃の検知率を向上させるべく努力を続けています。サイバーセキュリティ製品を使うＣＳＩＲＴとしては、検知率の高い製品を選ぶことも勿論ですが、日々変化する脅威に関する最新情報をタイムリーかつ継続的に製品に反映させる営みこそが必要です。これがなければ、せっかくのサイバーセキュリティ製品の機能が発揮できません。当たり前に聞こえるかもしれませんが、ＣＳＩＲＴがこの地味な調整作業をできているかどうかが、最新のサイバー攻撃から企業が身を守れるかどうかの明暗を分けます。

すでに述べましたが、サイバーセキュリティ製品を運用するということは、ただでさえ人手不足で、サイバー攻撃の脅威や対応策に詳しい人材があまりいない一般企業にとってはかなりの負担になるため、その調整作業ができないのであれば、製品の運用と監視をアウトソースすべきです。

第二に、サイバー攻撃と思われる現象への対応優先度を決めます。人手が限られているため、高、中、低の三レベルに振り分けるこのプロセスは非常に大事です。これは、傷病の緊急度や重症度に応じて治療優先度を決めることを意味する医療用語から、「トリアージ」と呼ばれ、即日行います。

第三に、サイバー攻撃に対する処置です。攻撃元のサーバーと繋がって情報が抜かれないようにするため、CSIRTはその攻撃元サーバーのIPアドレスからの接続を遮断し、攻撃者が不正な通信を行って自社の情報を盗み出すことを防ぎます。また、万全を期してシステムを再インストールすることもあります。

第四の詳細分析では、サーバーのログ（記録）を調べ、何が起きたのかを把握します。場合によっては、被害を受けたコンピュータのハードディスクやメモリを取り出して、調べることもあります。社内のネットワークに繋がっているどのサーバーやファイルに攻撃者がアクセスしたのか、攻撃者がウイルスを社内ネットワークに仕込んでいないか、などを確認するのです。

CSIRTは、社内のセキュリティが脅かされたことが判明した時、にわかに忙しくなります。主に考えられる状況は、①外注先のサイバーセキュリティ企業からサイバー攻撃について通知があった場合、②社内の他の部署からウイルスが検知されたと通報があった場合、あるいは③不審な通信が社内からなされているようだと第三者から通報があった時です。

その際、社内ではどのような動きがあるでしょうか。例えば、ITやサイバーセキュリティに必ずしも詳しくない人たちが、自分の使っているコンピュータのアンチウイルスソフトに「ウイルスが検出されました」という表示を見つければ、当然、度肝を抜かれます。「ええ?? どうしよう、どうしよう」とパニックに陥ったもののCSIRTに自己申告してくれる場合は、その後の対応が楽になります。

しかし実際によくありがちなのは、CSIRTやSOC《ソック》がサイバー攻撃の被害に気付き、感染した端末の利用者に連絡しても、「自分は何も悪いことをしていないのに、なぜ責められなくてはいけないのか」という反応です。「かくかくしかじか、こういったウェブサイトにアクセスした覚えはありませんか?」「こういうメールを開いた記憶はありませんか?」と詳しい状況把握のためにCSIRTの担当者が尋ねても、「そういえば、調べ物をしている際に海外の妙なウェブサイトを開いてしまったかもしれない」「そういえば、うっかりメールの添付ファイルを開いてしまったような」と調査のために積極的に協力してくれる利用者は、残念ながらそれほど多くありません。責任を負わされるのを恐れ、「私は何もしていません」と押し通す人や「業務があるので、早く作業を終えてもらえませんか」と聞き取り調査を一方的に打ち切ってしまう人の方が多いのです。

でもこれでは、なぜ被害が広がったのか詳しく原因を究明し、再発を防止することが難しくなってしまいます。サイバー攻撃の被害調査への協力に各部署・各社員が全面的に協力し、なおかつ正直に申告しやすい環境づくりが経営層に求められます。

被害規模が大きく、CSIRTだけでは作業が追いつかない場合や専門スキルが足りない場合、外部のサイバーセキュリティの専門企業に被害調査を依頼します。被害企業のＩＴ担当者が把握していなかった被害範囲や対処方法を助言してもらえるので、さらなる問題拡大を防げます。また、有事の際に速やかに対応できるよう、事前に契約を結んでおける場合もあります。

平時にこそ社内のセキュリティ強化を

サイバー攻撃が検知されない時、ＣＳＩＲＴは社内のサイバーセキュリティ態勢を強化するための施策を検討・実施します。日々生まれる新たなサイバー攻撃の手法に対抗するため、どんどん新しい対策も生まれており、サイバーセキュリティ企業がそうした製品やサービスを提案しに来るので、ＣＳＩＲＴの人たちはミーティングを重ねます。複数の製品の性能を比較しつつ、製品の導入計画と並行して予算取りのため社内の稟議《りんぎ》を進めなくてはなりません。予算が認められて製品を導入した後は、運用した製品から得られる情報を監視し、サイバー攻撃の検知に活用します。

一般社員のサイバーセキュリティ意識の向上も、ＣＳＩＲＴが平時に行う大事な業務の一つです。「怪しいメールを開かないでください」という説明だけでは、一般社員にはどれが怪しいメールなのか、見分け方すら分かりません。

だからこそ、ＣＳＩＲＴは、社内のメールアドレスに見せかけた外部のフリーメールなどから送られてきた標的型攻撃メールを模した訓練を定期的に行います。例えば、模擬訓練を通じて、社員が会社のメールアドレスではなく、フリーメールアドレスから送られてきたメールだということに気付いて、悪意のある添付ファイルを開かずに済むかどうか、CSIRTに怪しいメールがあったとすぐに通報してくれるかどうかを調べ、どの部署の開封率が高いか、通報率が良いかを確認するのです。開封率や通報率は後で幹部に報告し、取引先を騙《かた》って添付ファイルの開封を迫るような怪しいメールを見つけた時や開封してしまった時の通報の手順を各部署で周知徹底するよう依頼します。こうした改善策の立案・実施も、組織全体のサイバーセキュリティの強化に資するCSIRTの大切な業務です。

また、サイバーセキュリティ企業が作った啓発ビデオを社員に見てもらうこともあります。言葉で見聞きするだけでなく、映像でサイバー攻撃の手口や被害の実例を見るとよりイメージしやすく、社員の理解が深まるからです。ただこうした研修は一度きりだとすぐに内容を忘れてしまうため、定期的に行うことが求められます。

社内の無理解との戦い

CSIRTが日々社内のサイバーセキュリティ強化を進めていく上で大変なのは、人事データベース、顧客データベース、新製品に関するデータ、事業戦略等々、攻撃の対象となるかもしれない社内のIT資産が他部署の管轄下にあり、CSIRTがシステムを開発・運用している訳ではないという点です。

つまり、サイバー攻撃の被害が発生しているかもしれない状況下において事業部のコンピュータを調べなければいけない場合、あるいは脆弱性が社内の人事システムや経理システムに見つかった場合には、事業部や人事部、経理部など他の部署の協力をまず得なければ、サイバーセキュリティのための作業を進めることができません。

例えば、サーバーのログ（記録）を集めて、サイバー攻撃の兆候を見つけようとCSIRTが考えたとしましょう。それを実行するには、サーバーの設定を変えたりログを集めて保存するシステムが必要になります。当然、その作業には各部署としても時間と予算がかかります。こうした作業が「売上や利益に目に見える形で貢献せず、業務をストップさせる」と表層的な判断を下し、サイバーセキュリティ対策への協力に後ろ向きな人も残念ながら相当数います。「協力を依頼しても、メールや電話に応えてもらえない」「サイバー攻撃を受けたら、こういう被害が出る可能性があるので、こういう対策を取るべきだと経営層に進言しても、聞き入れてもらえず、予算も降りない。にもかかわらず、被害が出ると、『今まで何やってたんだ！』となる」と実際にCSIRTの方から伺ったことがあります。CSIRTの担当者たちは、攻撃者と戦う前にまず内部の無理解と戦わなければならないのです。

事業を円滑に進めるために不可欠なITインフラと企業の情報やブランドを守ってくれるサイバーセキュリティの重要性を経営層にまず理解してもらい、CSIRTの最大の味方になってもらわなければいけません。施策推進に当たっての後押しが経営層からなければ、C

ＳＩＲＴの普段の業務がそもそも進まないのです。ＩＴやサイバーセキュリティにそれほど詳しくない経営層や一般社員であっても、ＣＳＩＲＴの業務がどんなものか雰囲気をつかみやすくするために短いビデオを作ることも有効です。

ＣＳＩＲＴは、自社のサイバーセキュリティの向上のため、施策を企画、実施し、攻撃への対処により、どこまで被害を食い止められたか、どこまでサイバーセキュリティを強化できたか日々実感できるのが仕事の醍醐味です。例えば、事業部でサイバー攻撃による情報漏洩が発生した場合、ＣＳＩＲＴがいてこそ、どこまで影響の範囲が及んでいるのか特定することができ、被害の拡大を阻止し、同様の情報漏洩が二度と起きないようにするための措置が取れるわけで、当事者の部署からは非常に感謝されます。

しかし、その被害から得た教訓を糧にして、サイバーセキュリティの施策を作り、他の部署にも徹底しようとすると、施策の必要性を必ずしも理解されず、さらには反発を受けるという板挟みがあることを、皆さんには是非知って頂きたいと思います。

サイバー攻撃の監視・検知の最前線に立つ「ＳＯＣ」

次に、ＣＳＩＲＴが活躍する前段階の、サイバー攻撃の監視・検知を担当する「ＳＯＣ《ソック》」についてご紹介します。ＣＳＩＲＴを持つ日本企業が増えているのに対し、自社で運用するサイバーセキュリティ製品が検知するサイバー攻撃の情報を監視し、攻撃を検知すると、救助隊であるCSIRTに通報する部隊であるSOCは、数万人以上の社員を抱える大企業かサイバーセキュリティのサービスを専門に提供している企業にしか置かれていないことが日本ではほとんどです。

日本企業でSOCを持つ企業が少ない理由は、SOCの稼働負担が大きく、スキルを持った人材の確保が難しいからです。サイバー攻撃はいつ行われるか分からないため、SOCでは二交代か三交代のシフト勤務で、二十四時間、三百六十五日休むことなく監視を続ける必要があります。「自分たちが企業を守る防衛の最前線であるからには、絶対にサイバー攻撃を見過ごしてはいけない」というプレッシャーの中、サイバーセキュリティ製品から上がってくる数々のアラートを見つめ、その中身を精査し続ける相当な負担がかかる部署です。

欧米の場合、社内にいるサイバーセキュリティ人材の数が日本よりも多いため、数千人規模の企業でも自社でSOCを運用しているところがあります。それでも、人手不足をSOC運用上の課題だと思っている企業は、米サイバーセキュリティ企業デミストロ社のレポート（二〇一八年）によれば、世界に七九％もあるのです。

自前でSOCを運用できない場合、サイバーセキュリティ企業が提供している外部SOCサービスを利用し、社内で使っているサイバーセキュリティ製品の運用管理と、サイバー攻撃の監視と通知をしてもらう選択肢があります。これを外部SOCと呼びます。

自社で運用するプライベートSOCにせよ、外部SOCにせよ、なぜSOC機能が必要なのかと言うと、サイバー攻撃に気付くと現場に駆け付け、救助に当たるCSIRTの負担を減らし、ＣＳＩＲＴが業務に専念できるようにするためです。ＳＯＣは、ＣＳＩＲＴの目となってサイバー攻撃を監視し、大量のアラートの中から本当のサイバー攻撃だけを洗い出してＣＳＩＲＴへ通報します。

一言でサイバー攻撃の監視と言っても、そうそう容易な作業ではありません。企業では、コンピュータに感染しようとするウイルスの監視・駆除を行うアンチウイルスソフトや、社内のネットワークへの侵入を試みるサイバー攻撃を監視し、被害を阻止するファイアウォールなど、様々な製品が使われています。大企業であれば、数十種類の製品・サービスを使っていることでしょう。それだけ多くの製品・サービスからは、コンピュータやサーバー、社内ネットワーク、クラウドからそれぞれ色々なフォーマットでサイバー攻撃関連の膨大な情報がＳＯＣに集まってきます。フォーマットがばらばらのままでは、一括管理をして横断的に比較し、企業に対するサイバー攻撃の脅威の全容を摑むことができません。それだけの作業を一つ一つ人手で行えば、時間もコストもかかってしまいます。

そうした作業時間やコストを削減するため、ＳＯＣでは、製品・サービスから上がってくる情報のフォーマットを一元化して、監視・検知・分析できるシステムを使います。ＳＯＣで使用するインフラには、その他、社内や顧客のＣＳＩＲＴに対してサイバー攻撃についてメール通知するためのシステムも含まれます。

アラート疲れと戦うSOCの人々

サイバー攻撃の監視作業でネックとなるのは、サイバーセキュリティ製品から上がってくるアラートの多さです。IT専門調査会社・IDCの調査によると、SOCのオペレーターの三七％が毎月一万件以上ものアラートを受信し、そのうち五二％が誤検知です。現場のオペレーターは、アラートについて追加調査し、サイバー攻撃があったとの報告をCSIRTに上げるかどうか判断する上で、相当の集中力と瞬時の判断を求められます。その点、非常にストレスの多い仕事と言えるでしょう。

これが毎日、毎月、毎年続くことで、現場はアラート疲れに陥ります。国際NPOのクラウドセキュリティアライアンスの調査によると、ITセキュリティに携わる人の三一・九％がアラートを誤検知だと思って、サイバー攻撃をうっかり見過ごしてしまった経験があります。

誤検知を最小化し、アラートを本当のサイバー攻撃だけに限ったものにするためには、誤検知の少ないサイバーセキュリティ製品を選ぶだけでなく、その設定調整を続けることが必要です。これにはかなりの手間を要しますが、その手間を惜しめば、現場の疲弊が続き、長期的には社内のサイバーセキュリティ能力の低下に繋がってしまいます。

SOCで勤務するオペレーターのストレスと過労は今、世界的に問題になっています。十分なスキルを持ったSOCのオペレーターを育成するには八カ月を要すると言われており、にもかかわらず、やっと育ったオペレーターは激務により二年ほどで燃え尽き、辞めていくというのです。SOCの抱えるこの問題を解決するための対策については、章の最後で詳述します。

また、前述のようにSOCを自前で持てない一般企業に代わって、SOCをサービスとして提供するサイバーセキュリティ企業もあります。こうした企業は、顧客の持っているサイバーセキュリティ製品の運用・管理、製品が検知したサイバー攻撃に関する情報の分析、SOCのインフラの運用・管理、顧客対応という四つの役割を担います。

問題発生！　アラートが上がった際のSOCの現場

次に、SOCで働く人々の現場が実際にどのようなものなのか見ていきたいと思います。サイバーセキュリティ企業で働くオペレーターのAさんがシフトでSOCの部屋に入ってきた後、顧客のB社で事件が起きたというシナリオで考えてみましょう。

シフトについたAさんが最初に取り掛からなければならないのは、前のシフトの人が勤務中に発生したサイバー攻撃の検知や顧客への対応の進捗状況についてまとめた報告書を読んで状況を把握することです。自分が引き継いでやらなければいけない分析や顧客対応があれば、サイバー攻撃の被害の拡大を防止するため、即座に取り掛かります。

複数の顧客の状況を同時に見られるようにするため、各オペレーターのデスクには複数のモニターが置かれています。ただ、大規模なサイバー攻撃がいったん発生すると、オペレーターの忙しさが倍増するため、万が一の稼働量を考えて、SOCの管理者側はあまり多くの顧客を一人のオペレーターに割り振ることはしません。重要なアラートを見過ごしてしまうリスクを減らすためです。

おや、顧客のB社のファイアウォールからアラートが上がったようです。アラート監視画面が点滅して、オペレーターの注意を引きました。

しかし、誤検知の可能性もあるため、そのアラートが本当にサイバー攻撃なのか、本当だとしてもどういう攻撃なのかを精査しなければなりません。前述のように、サイバーセキュリティ製品は、サイバー攻撃ではない通信であっても、攻撃と誤検知することがあるためです。場合によっては、攻撃による被害を最小化しようとして、自動的に通信を止めてしまうことも起こり得ます。それでは通常業務に支障が出てしまいますし、何より、サイバー攻撃かどうか調べるのにも時間がかかってしまいます。

SOCを自前で持っていない一般企業に代わって、SOCをサービスとして提供しているサイバーセキュリティ企業の場合、サイバーセキュリティ製品の設定をこまめに調整しているため、アラートの数は限定されています。そのため、SOCの画面にアラートが上がってきたということは、サイバー攻撃の可能性がかなり高いことを意味します。

オペレーターのAさんは、問題となっているアラートの出た前後に、関連するアラートが上がっていないかどうか調べ、場合によっては、通信内容を確認します。

精査した結果、やはり、このアラートはサイバー攻撃を示していました。今度は、顧客に対し、「この攻撃に関連して、こういうアラートがいついつに上がっていました。攻撃者は事前にこういうパターンで試していたようです」など、攻撃に関して調べた詳細を通知します。それに合わせて、影響範囲の拡大を阻止すると共に、影響範囲を調査するために何を具体的にすれば良いのか、顧客に一報します。

ここで皆さんに気を付けて頂きたいのは、顧客向けのSOCサービスで把握できるのは、顧客の代理として運用管理しているサイバーセキュリティ製品から上がってくる情報だけだという点です。例えば、顧客のサーバーの情報はSOCでは分からないかもしれず、サイバー攻撃によって顧客の業務にどれだけ悪影響が出たのかという全体像は分かりません。サイバー攻撃被害の全体像をSOCが知るには、顧客にパソコン内に特定のファイルがないか、IPアドレスがどうなっているかなどを確認してもらう必要があります。また、顧客が今どのような作業をしているのか知らなければ、顧客が脆弱性診断をしていただけなのにSOC側では「サイバー攻撃」と検知してしまうこともあり得るのです。

顧客との主なコミュニケーションは、リアルタイムレポートの提供とそれについての質疑応答を行うための顧客向けポータルサイトを通じて行われます。その場で、外部SOCが知り得ない顧客側の状況をフィードバックしてもらったり、逆に外部SOCしか知り得ない情報について提供したりと、建設的かつ即時性のある情報のキャッチボールをする窓口です。

SOCでもCSIRTでも、このポータルサイトがますます活用されるようになってきました。他にも、前の月に発生したサイバー攻撃のまとめや世間一般で見られたサイバー攻撃の傾向が盛り込まれたマンスリーレポートの提供、月次の報告会を行うこともあります。

顧客によっては、報告会に経営層が出席し、会社のサイバーセキュリティ体制や業界の動向について意見を求められることもあります。また、報告会に出席した顧客の担当者や経営層から、最近話題になっているサイバーセキュリティ関連技術についてお勧めはないか相談を受けることもあり、顧客と顔を直接合わせて関心事項や懸念事項を確認し、より良い防御策を導き出す良い機会です。

アラートの合間を縫って続くSOC業務効率化の努力

今度は、前のシフトのオペレーターから顧客対応や調査の引き継ぎがなかった場合、どういう業務の流れになるのかご紹介しましょう。オペレーターは、次のアラートが上がってくるまでの時間を活用し、今日、世の中でどのようなサイバー攻撃が起きているのか、起こりそうなのかについて自主的にセキュリティ専門家や他のサイバーセキュリティ企業のブログなどで情報収集します。把握した最新情報は、他の忙しいチームの同僚たちと共有します。

その他、比較的時間が空いている時に集中して行う仕事は、業務の効率化のため、アラートを見やすくするツールや、勉強して集めたサイバー攻撃や脆弱性に関する情報をアラートと関連して検索しやすくするためのツールを開発することです。また、誤検知率を減らし、検知精度を上げるために、製品の検知ルールの調整も行います。

とある日本大手企業のＳＯＣは、二十代〜三十代のエンジニアが多く、上下関係のあまり厳しくない、自由闊達な雰囲気です。対応策についてチーム内で話し合うときも、やるべきことについて、かなりはっきりと発言します。皆、正義感を持ち、自社や顧客を守りたいという強い思いで結束しています。

家でもサイバーセキュリティのスキルやサイバー攻撃の傾向についてコツコツ勉強する努力家が多く、自主的に隙間時間を見つけて勉強し続けています。厳しい言い方ですが、「変化の激しいサイバー攻撃の脅威にどこまでも食らいつき、絶対に勝ってやる」くらいの気概とプライドを持って率先して学び続けなければ、最前線からすぐに脱落する世界です。

仕事で分析したサイバー攻撃に関する知見や、ＳＯＣの業務効率化のために作ったツールについて社外のカンファレンスで発表することも奨励されています。そうして知識を外部と共有することで、日本全体、世界全体のサイバーセキュリティレベルの向上につながりますし、自分たちのＳＯＣを世界にアピールすることにもなるからです。また、同じテーマに関心を持っている専門家たちが一堂に会するカンファレンスに行って発表すれば、別の分析のやり方やサイバー攻撃の傾向に関する最新の情報を交換でき、相談できる仲間の輪を世界に広げられます。

サイバーセキュリティ技術「研究開発」の担い手たち

今度は、私たちの使うITインフラを守るサイバーセキュリティ技術がどのような人たちによって、どのように研究開発されているのかを見ていきたいと思います。

サイバーセキュリティ企業には、CSIRTやSOCで使う技術の研究開発を行うチームがあります。研究開発には、ニーズ（必要性）志向とシーズ（タネ）志向の二通りのプロジェクトがあります。ニーズ志向とは、現在のサイバーセキュリティ上の課題を解決するために数カ月から一年の間に技術を生み出そうとするものです。それに対し、シーズ志向は、今後数年の間に問題になりそうな脆弱性やサイバー攻撃を想定し、そうした脅威に対抗するために二〜三年かけて新しい技術を作るという、息の長い研究開発プロジェクトです。

ここからは、研究開発の七割を占める短期決戦型「ニーズ志向」の研究開発プロジェクトについて説明します。

研究開発を担当している人たちに共通した特徴は、ITのバックグラウンドを持ち、なおかつサイバーセキュリティ対策の技術そのものを作りたいという熱い情熱です。学生の頃からサイバーセキュリティ技術の研究をしていた人が多いようです。

ベースとなる技術スキルがしっかりしている場合、新卒でもこのスペシャリストチームに入る人がいます。一番大事なのは、新しい技術を作り出すという困難な課題に長期間集中して食らいつき、視点を変えながら解決のために取り組み続けられる柔軟性と粘り強さです。

また、開発する技術は、最終的には社内のＣＳＩＲＴやＳＯＣの同僚たち、その先にいる外部の顧客に使ってもらい、今まで以上に効率的かつ効果的な防御をできるようにしなければなりません。その点で、ＣＳＩＲＴやＳＯＣ、顧客対応のシステムエンジニアとの日々の会話は大切な気付きを与えてくれます。そうしたメンバーが研究開発チームに社内異動で入ってくることもあります。

ニーズ志向のプロジェクトは、市場に新しいサイバーセキュリティ技術が出てきたときが勝負です。例えば、数年前に広く使われた技術に「サンドボックス」があります。英語で砂場を意味するサンドボックスとは、サイバーセキュリティの世界では、メールの添付ファイルなど、外部から入ってきたコンピュータプログラムを安全な場所で分析し、社内の他のＩＴシステムがコンピュータウイルスに感染するのを防ぐためのシステムです。子供たちが安心して遊べる砂場のイメージからこのように名付けられました。このサンドボックスを使ったソリューションが市場に出てきた時、その技術をそのまま使うのではなく、さらに磨く手助けをするのがニーズ志向のプロジェクトになります。

新しい技術を使った製品が市場に出た後、一般企業がとり得る方法は三つあります。一つは自社のＣＳＩＲＴが製品を買って会社を守る、二つ目はサイバーセキュリティのサービス企業がＳＯＣサービスの中で提供する、三つ目は買った製品を外部ＳＯＣに運用・監視してもらう、です。

同種のサイバーセキュリティ製品であっても、競合他社が様々な性能のものを出しています。サイバーセキュリティ企業がＳＯＣサービスの中で製品を使うとなると、複数ある中から一番良いものを選ぶ必要があります。選択する上では、値段も勿論重要な要素ですが、実際に複数の製品を使ってみて、性能を確かめてみるしかありません。主な評価項目には、検知の処理にかかる時間が短いか、他のＩＴシステムへの負荷が低いか、操作性が高いかだけでなく、製品そのものに脆弱性が見つかった場合の対応や、既知の脅威への対応速度などのアフターケアの充実も含まれています。こうした評価項目を洗い出して、一つずつテストしていくのです。

製品の機能を確かめるには、実際にサイバー攻撃を仕掛けてみないと分かりません。試験的に攻撃を行うのも、研究開発の重要なステップです。社内のＩＴシステムや社外にサイバー攻撃が広がってはいけないので、厳重に管理された、社内の閉じられた環境で偽の攻撃を仕掛けます。この作業には、数カ月はかかります。

こうして複数社の製品を比較検討すると、必要な機能が足りているか足りていないかが見えてきます。十分でなかった場合、どうやって機能を実装すれば良いのか考えなければなりません。そのため、製品メーカーとも話し合いを重ね、追加してほしい機能があれば、どれくらいの期間をかければ拡充可能か確認します。

また、評価結果を製品メーカーにフィードバックすることもあります。その場合、メーカー名はＡ社、Ｂ社、Ｃ社、Ｄ社のように匿名化します。「御社はこの表の中でＡ社です。Ｘ

という機能は四社中トップでしたが、Yという機能は他社よりも低いという結果が出ました。この機能を実装するロードマップはありますか？」と尋ねます。

〔化〕捜査でサイバー攻撃情報を収集

サイバーセキュリティ企業がSOCサービスとして市販製品をそのまま使うだけだと、競合他社が同じ製品を扱った場合、差別化できる要素が無くなります。そこで差別化のために、「シグネチャ」と呼ばれるウイルスの技術的特徴に関する情報を既存の製品に追加することがあります。シグネチャは、言わば警察の作った犯人の手配写真のようなものであり、犯人の身体的特徴を把握することで犯人を捕まえる（感染を防ぐ）のです。

勿論、メーカーからもシグネチャと呼ばれるウイルスの技術情報が製品に日々追加されています。皆さんがお使いのアンチウイルスソフトも「アップデートしました」という表示が出ることがあるかと思いますが、それはシグネチャ情報を追加したという意味です。

一方で、SOCサービスを提供するサイバーセキュリティ企業も独自に作ったシグネチャを製品に登録できれば、より確実にウイルスを捕まえられることになり、企業の防御力がアップします。そのため、研究開発したシグネチャをSOCで用いることで、差別化にもなるのです。

さて、シグネチャというウイルスの技術的特徴に関する正確な情報を作るには、ウイルスをたくさん集めて分析しなければなりません。そこで使われるのが、「ハニーポット」と呼ばれる囮システムです。蜜（ハニー）の入った壺（ポット）を用意しておくと、虫が甘い匂いに誘われてその中に入ってくる感じです。

ハニーポットがあると、攻撃者が「おやおや、面白そうな標的があるぞ」と思い、誘われてサイバー攻撃をしてきます。企業が実際に使っている本物のＩＴシステムではなく、囮のシステムをわざと攻撃させることで、ウイルスのサンプルをたくさん集められるのです。

その時のポイントは、攻撃をちゃんと多く受けられるだけの本物らしさがあるだけでなく、囮システムの安全性も求められることです。第二章でロシアのサイバー諜報活動に対抗し、数千ページもの囮文書が作られたエピソードをご紹介しましたが、プロの攻撃者に偽物と悟らせないだけのもっともらしい囮を作るのは至難の業です。

また、攻撃者にハニーポットを完全に乗っ取られ、それを足がかりにして自社の本物のＩＴシステムに侵入されたり、ましてや他の会社にサイバー攻撃を始められては本末転倒です。囮システムにたくさん攻撃を仕掛けてもらうための工夫だけでなく、安全弁をどのように作るのかも研究開発の一環として求められます。

囮システムに膨大な攻撃データが集まってきたら、ウイルスの検知率が高くて、誤検知率が低い検知方法を作ります。初期段階では手作業になりますが、最終的にはＡＩなどを使って自動的に作り出す試みも行われています。

当初予想した通りの内容と期日で、サイバーセキュリティ技術が生まれることはありません。そもそも、最低一カ月くらい経たなければ、研究データが集まりませんし、データを見てから状況に合わせて仕様を変える必要が当然出てきます。だからこそ、ユーザーである企業や政府にとって使い勝手の良いサイバーセキュリティ技術を生み出すには、様々な視点が必要なのです。

各プロジェクトに参加するのは、研究開発の推進役を担う技術者だけではありません。サイバー攻撃の被害にあった時の火消し役であるＣＳＩＲＴと攻撃検知の最前線に立つＳＯＣのメンバー、外部の顧客の関心や懸念について一番理解している担当営業、営業とペアを組んで動くセールスエンジニアまで交えて、開発中は週一～月一の頻度でミーティングと定期報告を繰り返します。社内のフィードバックを受けて、研究の方向転換をすることもあります。

技術が固まってくると、社内のＣＳＩＲＴやＳＯＣメンバーに使ってもらい、フィードバックをもらいます。使い勝手の確認には、一～三カ月を要します。そこでさらに改良を重ね、作ったものを試験的に使ってみないかと外部の顧客に提案できるようになるまでにかかる期間は、短くて数カ月、長ければ一年です。外部の顧客が本格導入するには、さらに数カ月はかかります。

優れた技術の最新情報を追いかけ、付加価値のある技術を生み出すには、サイバーセキュリティ界のキーパーソンが集う国際カンファレンスやワークショップに参加して情報収集することも大切です。専門家やサイバーセキュリティ企業が今、どういう技術やサイバー攻撃に着目しているのか最新情報に触れられます。また、研究開発した技術をより多くの人々に知ってもらうためには、特許の出願や、学会やカンファレンスでの論文発表も重要です。

人材の発掘・育成の場「ハッカソン」

サイバーセキュリティ人材を発掘するには、ソフトウェアやアプリの開発・発表イベントであるハッカソンの開催、インターンシップの実施、外部の競技会の参加者との交流や、学会での発表や聴講といった方法があります。

「ハッカソン」とは「ハック」と「マラソン」という二つの言葉を組み合わせたＩＴ業界の造語で、与えられたテーマに対し、ソフトウェアやアプリなどの技術や機能についてのアイディアや開発結果を一日～一週間という短い期限内に持ち寄り、成果を競う開発イベントのことを指します。短期間ではありますが、参加者たちは、あたかもマラソンを走るかのように、昼夜を問わず、時には徹夜してプログラミング開発を続けます。

優勝者のプログラムやアプリは実用化されることもあり、ハッカソンには我こそはと意気込む若手が多数応募するため、新しいアイディアの発掘の場としても優れています。参加する側としても、ゼロからのモノづくりに短期間でも触れることができるだけでなく、その分野の第一人者から自分のアイディアについて講評を聞けるというメリットがあります。フェイスブックの「いいね！」の機能も、ハッカソンで誕生しました。

日本でもハッカソンは人材育成で活用されています。総務省所管の国立研究開発法人・情報通信研究機構は、二〇一七年にSecHack365（セックハック365）という二十五歳以下の学生や社会人を対象にしたサイバーセキュリティ人材育成プログラムを開始し、ハッカソンを利用しています。毎年、四十人程度の研修生を公募し、サイバーセキュリティ関連技術の研究・開発を一年間かけて指導するというプログラムです。

初年度には、三百五十八人がSecHack365に応募しました。技術的知見だけでなく、熱意や柔軟な発想力で選抜された研修生の中には、既にサイバーセキュリティの仕事に就いている若手もいれば、哲学科の学生もいたそうです。最年少は十歳の小学生でした。

研修生は、卒業前に成果物としてサイバーセキュリティ関連の技術を研究開発し、発表しなければなりません。研修生一人につきトレーナーが三人付き、きめ細やかな指導を行い、研究開発の成果を少しずつ卒業に向かってまとめていくのです。一七年度の研修生の中には、第二章でご紹介したダークウェブの統合分析プラットフォーム（数多くあるダークウェブのアクセスランキングや、ダークウェブ自体のサイバーセキュリティ状況の評価など）を作った人もいました。

サイバーセキュリティ企業のインターンシップ

日本では一九九〇年代に始まったインターンシップ（米国では一九六〇年代に広まった）です

が、就職みらい研究所の調べでは、二〇〇五年卒業の学生の頃まで参加者は一割ほどであり、一五年卒業の学生でもまだ二割台でした。一六年卒業の学生から参加率が四割近くに急増し、仕事や業種について理解する手助けとしてのインターンシップが定着しつつあります。サイバーセキュリティの仕事や現場について学ぶインターンシップの機会を設けているのが、規模の大きいサイバーセキュリティ企業です。

日本のサイバーセキュリティ企業におけるインターンシップの期間は、数週間から数カ月と幅があります。ITやサイバーセキュリティを専攻している学部の三年生から修士の一年生の男子学生が多く参加します。職場を見学してもらい、業務を紹介することでサイバーセキュリティという仕事の一端、雰囲気に触れてもらいます。サイバー攻撃を受けた際の駆け付け救助隊であるCSIRT、サイバー攻撃を監視・検知するSOC、研究開発チーム、顧客の抱える課題を解決すべく日々手助けしているセールスエンジニアとのふれあいの場を設け、生々しい体験談も共有するのです。

業務体験として学生が取り組むプロジェクトの中には、例えば、サイバー攻撃情報を収集するための囮システムであるハニーポットの改良があります。また、現場の担当者は日々サイバー攻撃や攻撃者に関する最新情報を学ばなければならないため、ニュース記事やサイバーセキュリティ企業が出しているブログなどから、そういった情報を自動収集するプログラムを作らせることもあります。

インターンシップに参加する学生は、仕事で分からないことがあったら、帰宅後に自主的に調べる知的探究心、好奇心の強い人が多いです。実際に参加した学生たちからは、「インターンシップのお陰で、色々な立場の仕事について具体的なイメージがつかめた」「現場で実際に使っている製品や技術に触れられた」「すごい（知見を持った）社員に会えて良かった」という感想が聞かれます。

インターンシップ期間を終了してからも、ハニーポットを自分で作ってみたり、サイバー攻撃に関するデータ解析を始める学生もいます。また実務に参加したことで触発され、卒業後の進路にサイバーセキュリティを選ぶ学生もいるのです。

知識とスキルを競う「旗取りゲーム」

サイバーセキュリティ人材の発掘・育成とサイバーセキュリティ強化を目指すため、サイバー攻撃や防御のための手法について、その知識とスキルをチーム対抗で競い合うイベントも日本でいくつか開催されています。こうした競技会を「Capture The Flag（旗取りゲームの意）」の略語であるＣＴＦと呼びます。

日本国内で学生や社会人向けに一般公開されたイベントだけでも年数回ありますし、個々の企業でも年に一回、社員向けに開催しているところがあります。国内のＣＴＦの参加者は数十人から数千人の規模です。二〇一七年に世界で開催されたＣＴＦの数は百四十以上に上り、国際的にもＣＴＦの人材育成上の意義が認められていることが窺えます。

ＣＴＦで問われる分野は、コンピュータウイルスの分析や脆弱性への攻撃、プログラミング、暗号解読など多岐にわたります。出題される問題それぞれに隠された答えが「旗」に該当します。

制限時間は大会によって異なりますが、十二〜四十八時間ほどです。答えがすぐには分からない問いがあった場合、参加者はオンラインで情報を検索することはできますが、他の参加者チームと解答やヒントを共有することは禁止されています。

現在、サイバーセキュリティの仕事に従事していない参加者の場合、実践形式で幅広いサイバーセキュリティのスキルを試す機会はほとんどありません。そのため、ＣＴＦに参加することで、自分の今のレベルを知ると共に、それまで知らなかったサイバーセキュリティ分野の問題についてどう調べて対処すれば良いのか、チームの仲間と共に学ぶことができます。ＣＴＦ側も敢えて、多様な問題を出すことで、参加者が互いに競い合いながら、自然と様々な分野のサイバーセキュリティの知識を習得できる場としているのです。参加者からしてみても、新しく勉強した分野の知識を活かして解答できれば、かなりの自信と勉学の励みになります。

また、我こそはと思っている腕に覚えのある参加者にとっては、スポンサー企業や会場に来ている企業に自分の名前を売り込むチャンスです。海外の有名ＣＴＦの場合、優勝者は高給で雇ってもらえます。

「ＳＥＣＣＯＮ《セクコン》」は、日本のサイバーセキュリティ人材の発掘と育成、サイバーセキュリティの強化を目指して二〇一二年度に立ち上げられました。日本の各省庁が後援し、大企業がスポンサーに名を連ねています。毎年、学生から社会人まで幅広い人々が数千人参加し、オンライン予選を勝ち上がった人たちが十二月の決勝に臨みます。一八年は百二カ国から四千三百人以上が参加しました。

ＳＥＣＣＯＮの国際大会で優勝すると経済産業大臣賞が、国内大会で優勝すると文部科学大臣賞が授与され、国内外で名声を得る機会となりますし、サイバーセキュリティという共通の関心事を持った仲間と知り合うチャンスでもあります。

また、世界のサイバーセキュリティ人材に占める女性の割合は一九年時点で僅か二〇％であり、人材不足解消のためにも女性の活用が世界的な課題となっています。日本では、一四年からサイバーセキュリティ技術に関心のある女性のコミュニティ作りのため、「CTF for GIRLS」が毎年行われています。また、企業レベルでも、ＣＳＩＲＴ、セールスエンジニアなどの女性人材が社内横断で情報交換する機会を設け、会社全体の活性化とサイバーセキュリティ強化に繋げようとしているところもあります。

国内外で有名なＣＴＦに出場する場合、学校や企業を代表するスキルの高い人をチームメンバーに選抜して送り出します。一方、社内の社員向けＣＴＦの場合、サイバーセキュリティ人材全体のスキルの底上げが目的なので、初心者とベテラン社員を組み合わせたチーム編成にすることで初心者が様々なスキルを学べる場にします。

二〇〇八年から始まった画期的な情報共有の場

日本でのサイバーセキュリティ人材育成は、子供向けから中堅社会人、経営層向けに至るまで幅広く行われるようになり、二〇一〇年代前半と後半とでは比較にならないほど教育の機会が増えてきました。

日本の大学や大学院の一部では、一九九〇年代からサイバーセキュリティが教えられていましたが、数はそれほど多くありませんでした。しかし、二〇〇一年に文部科学省が始めた大学の構造改革を受け、情報セキュリティの学科を設ける大学が徐々に出てきています。また、二〇一〇年代後半から、サイバーセキュリティを専門的に教える大学・大学院の研究室の他、ITやネットワークの研究室でもサイバーセキュリティをカバーするところが出てきました。

人材育成の取り組みは大学・大学院以外にも広がっています。

日本全国に五十一校ある国立高等専門学校の中でも、二〇一六年からサイバーセキュリティ教育が始まった他、その翌年の一七年からは、総務省と経済産業省もそれぞれ人材育成の取り組みを始めました。総務省は二十五歳以下の学生や社会人を公募し、四十人程度の受講生に毎年サイバーセキュリティの研究開発、発表の機会を一年間提供していますし、経済産業省所管の情報処理推進機構に設けられた産業サイバーセキュリティセンターでは、重要インフラ事業者の中堅社員向けの研修を一年間、エグゼクティブ向けの研修を短期間実施しています。

一〇年代後半以降、ハッカソン、インターンシップ、CTFに参加する学生や参加を希望する学生の数は増えています。また、知識や研究開発、分析のスキルレベルで社会人に引けを取らない学生も増えてきました。サイバーセキュリティに関心を持つ人々の裾野が広がっていることは喜ばしい限りです。

ここで、日本の若者がサイバーセキュリティへの関心を深め、スキルを磨く上で大きな後押しとなったワークショップについてご紹介したいと思います。

〇八年、日本の産官学のサイバーセキュリティの有識者たちが、サイバーセキュリティ技術を開発する研究者や実務者を育成することを目指し、「MWS（マルウェア対策研究人材育成ワークショップ）」と呼ばれる年次ワークショップを開始しました。「マルウェア」とは悪意を持ったソフトウェアであり、コンピュータウイルスもマルウェアの一種です。「マル（mal）」は、悪意のあるという意味の英語「マリシャス（malicious）」から取られた言葉です。

このワークショップが画期的だったのは、意外に思われるかもしれませんが、ウイルスの入手が一般的に困難だった中、その貴重な情報がサイバーセキュリティ人材に共有されるようになった点です。

企業や政府がサイバー攻撃に遭った際、そもそもそのことに気付いていない場合もあります。また、被害に遭ったことに気付いていても、風評被害や株価下落などのリスクが考えられるため、自分の組織に被害が出ていることを世間に、特に株主や顧客、監督官庁に知られるのは躊躇するものです。

しかし、サイバー攻撃に対する防御の技術を研究開発するには、まず、攻撃に使われたウイルスを入手し、それを分析して、どんな機能や役割を持っているのか理解しなければいけません。実際にサイバー攻撃に使われたウイルスがなければサイバーセキュリティ技術を生み出せませんが、その元となるウイルスがなかなか手に入らない状況が日本では続いていました。

その苦境から脱する上で救世主となったのが、経済産業省と総務省、日本のインターネットサービスプロバイダーが〇六～一一年に共同で行った、日本のインターネットからのウイルス駆除共同作戦である「サイバークリーンセンター」でした。産官学のサイバーセキュリティの有識者の尽力により、同センターが集めたウイルスに関連するデータが研究用データセットとしてMWSワークショップの参加者に提供されるようになったのです。

MWSは、日本がウイルスに関連するデータの共有に向けた心理的ハードルを克服し、実践的なサイバーセキュリティ技術の研究開発と人材育成に向け踏み出した大きな一歩でした。産官学でデータを共有する仕組みができたことで、MWS設立以来、このデータを使った論文が増えています。

MWSという画期的な情報共有の場が生まれたことで、日本でサイバーセキュリティの裾野が広がり、防御力を高める研究が進むようになったのです。

海外のサイバーセキュリティのキャリア事情

サイバーセキュリティ企業やサイバーセキュリティの職が多くある米、英、豪、イスラエルにおけるキャリア事情をここでご紹介しましょう。サイバーセキュリティ人材というと日本では理系のイメージが強いかもしれませんが、所謂「理系・文系」という分類の仕方は日本独特のもので、海外ではそのような区分はしません。この四カ国では、コンピュータ科学、数学、暗号、データサイエンスだけでなく、語学、安全保障、国際関係の学位を持つ人たちからも幅広く採用しています。サイバーセキュリティとITがあらゆる仕事に直結している今、サイバーセキュリティの問題を解決するためには、様々な知見や経験を持っている人が協力し合い、知恵を出し合って攻撃者に対抗しなければならないからです。業界で活躍し、尊敬されている人たちの中には、博士号を持っている研究者もいれば、高校卒業後すぐに軍や警察で働き、サイバーセキュリティの経験を積んでから民間で働いている人もおり、バックグラウンドは実に多様です。

さて、米英豪、イスラエルの四カ国では、専門性に磨きをかけながら、数年ごとに転職し、職位と給与を上げていくキャリアパスが一般的です。特にサイバーセキュリティの場合、転職のサイクルが二〜三年と短いのが特徴であり、業種の垣根が低く、政府機関、軍、情報機関、警察、弁護士、ＡＩの専門家などもサイバーセキュリティ業界に入ってきます。専門性を追求し続けるために、敢えて管理職になることを避ける人もいます。買収を含め、勢いのある企業の入れ替わりが激しいサイバーセキュリティ業界では、キャリアパスは雇用主から与えられるものではなく、本人が勝ち取って切り拓くものです。

キャリアアップを目指し、転職に成功するには、職務経歴書に成果を書き、転職時に推薦してくれる人たちとのネットワークを作らなければなりません。前例を踏襲するだけでは成果とは認められないため、新しいアプローチを試します。日本とは異なり、横並びや前例は必ずしも重視されません。

サイバーセキュリティ業界で専門性が重視される理由について、米国の専門家に尋ねてみたことがあります。「組織にとってサイバーセキュリティは医者のようなものだ。悪いところがないかまめに身体をチェックし、病気にならないよう予防し、万が一病気になったら対処をする。今年は歯医者、二年後は皮膚科と専門がコロコロ替わる人に自分の命と健康を預けたくないのと同じだ」と回答が返ってきました。これもジェネラリスト重視の日本とは対照的です。

また、日本よりも海外の方がサイバーセキュリティ人材の給与は高めです。エンジニア向けの人材紹介会社、ポテパンによると、日本では、二〇一七年末時点で男性のセキュリティエンジニアの平均年収は男性が六三八万円、女性が四五六万円強です。これは、米、英、独、シンガポールの平均年収ではエントリーレベルでしかありません（IT調査会社、米オスターマン・リサーチ調べ）。世界中でサイバーセキュリティ人材の不足が深刻化する中、日本が海

図表3-2　世界のセキュリティエンジニアの年収水準

国名	エントリーレベル	トップレベル
オーストラリア	94,657ドル（1040万円）	155,394ドル（1710万円）
米国	65,578ドル（720万円）	133,422ドル（1470万円）
シンガポール	69,075ドル（760万円）	130,673ドル（1440万円）
ドイツ	47,264ドル（520万円）	108,023ドル（1190万円）
英国	35,776ドル（390万円）	124,726ドル（1370万円）

出典：Osterman Research, Inc., "White Hat, Black Hat and the Emergence of the Gray Hat: The True Costs of Cybercrime - An Osterman Research White Paper", August 8, 2018. p.5 より筆者作成

図表3-3　経済協力開発機構（OECD）加盟主要国の手取り年収の比較

国名	手取り年収
オーストラリア	41,655ドル（458万円）
英国	41,608ドル（458万円）
日本	41,139ドル（453万円）
米国	39,211ドル（431万円）
ドイツ	38,194ドル（420万円）

出典：https://howmuch.net/articles/money-people-take-home-after-taxes より筆者作成（2018年5月時点）

外の人材を雇いたいと思っても、言語の壁だけでなく、給与面や専門性を維持できるポジションを提示できるかどうかがネックになるでしょう。ただし、オーストラリアの場合はそもそも全ての職種において平均収入が高めであることにご留意下さい。

次世代のサイバーセキュリティ人材の候補者が日本で増えているのは本当に喜ばしいことです。しかし、そうした若い世代や彼らを指導するベテランたちが活躍できる職場と機会を提供できなければ、サイバー攻撃との戦いの中で激務に疲弊し、あるいは別のチャンスを求めて、今の職場を去ってしまうでしょう。それでは、今の職場のサイバーセキュリティの能力もビジネスリスクの管理力も削がれてしまいます。

サイバーセキュリティ人材は、日々増え続ける膨大なサイバー攻撃の手法について貪欲に知見を吸収し、血の滲むような努力を続けています。この人たちを突き動かしているのは、世の中を攻撃から守りたいという強い使命感とプライドです。その崇高な願いを諦め、全く違うキャリアを選ばざるを得なくなるようなことがあってはなりません。

圧倒的に少ないセキュリティ人材と予算

日本のＩＴ人材やサイバーセキュリティ人材の特徴は、ほとんどがサイバーセキュリティ企業やシステムインテグレーター（ＳＩｅｒ）で働いており、一般企業で働いている人が不足していることです。その背景を知るには、ＳＩｅｒの歴史をひもとく必要があります。

図表3-4　IT 企業とそれ以外の企業に所属する情報処理・通信に携わる人材の割合（カナダの統計値のみ2014年、それ以外は2015年）

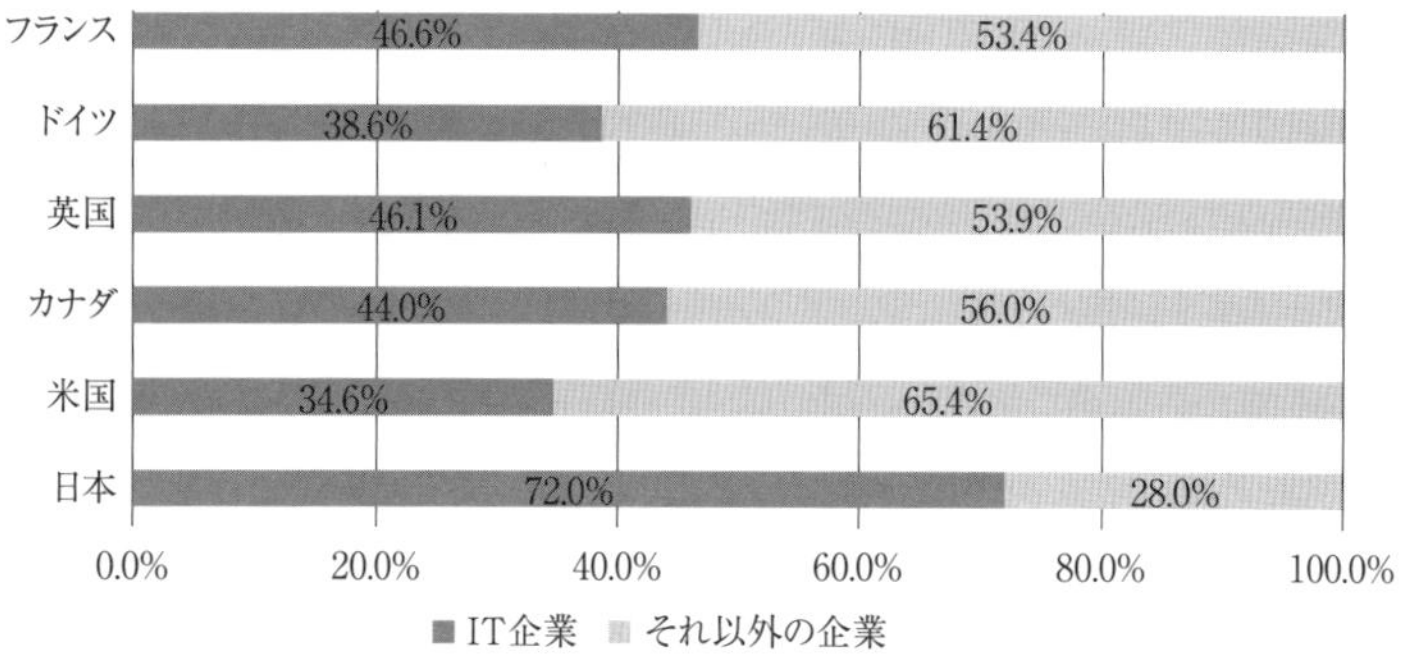

出典：IPA「IT 人材白書2017」、p.13（https://www.ipa.go.jp/files/000059086.pdf）

ＳＩｅｒにＩＴ人材が集中するようになった背景には、一九九〇年代に日本企業でのＩＴ化とバブル崩壊が重なり、コストカットのため、一般企業が中核事業ではないＩＴ部門の業務を外注せざるを得なくなったことが挙げられます。コンピュータやソフトウェア、ネットワークなどのＩＴシステムの設計、構築、運用まで全てを自前で行うには、莫大な時間とコストがかかるため、その全てを一括して行ってくれるＳＩｅｒに需要が集まりました。その結果、ＳＩｅｒにＩＴ技術者が集中するようになり、その後、ＩＴを理解した上でサイバーセキュリティの技術を身につけた人材もそこに集まる仕組みが出来上がったのです。

　海外にもＳＩｅｒは存在します。その一方で、一般企業にもＩＴシステムの設計、構築、運用を行う人材が多数在籍し、社内のニーズに柔軟に対応できるようにしているのが日本と対照的です。

　こうした背景を受け、サイバー攻撃で万が一被害を受けた場合、何をすべきか知っており、迅速に意思決定できる人材が一般企業で不足しがち、という課題を日本は抱えています。また、ＩＴに詳しい人材も少ないため、サイバー攻撃の被害に気付いた時、コンピュータやサーバーなどの社内のＩＴシステムがどこにどう繋がっているのかというネットワーク構成がそもそも分からず、攻撃経路の推定が難しいという現実があります。しかし、その推定ができなければ、被害の状況を把握した上で、被害がさらに拡大することを阻止するのは不可能です。

こうした事情を抱えている日本では、サイバーセキュリティ人材が活躍できる環境作りをする上で一般企業とサイバーセキュリティ企業、ＳＩｅｒ間の連携が一層重要になります。社内に十分な人材がいないのであれば、ＳＯＣの監視作業などサイバーセキュリティ業務の一部を外部委託するしかありません。

サイバー攻撃に対抗するため何をどこまでしたら良いのか、どこまでアウトソースしたら良いのか、どの企業も悩んでいるのが現状です。その誰もが抱く疑問に一つの解を出したのが、日本を代表する四十四社がメンバーの「産業横断サイバーセキュリティ人材育成検討会」という民間の情報共有の枠組みです。二〇一五年に発足したこの検討会は、インソース（内製化）すべきものとアウトソース（外注）しても良いものを個別具体的に示した表「アウトソーシングガイド」（https://cyber-risk.or.jp/sansanren/xs_20160914_C_Report_JinzaiTeigiReference_1.0.pdf）を公表していますので、参考にしてみて下さい。

ただし、ここで問題となるのが日本企業のサイバーセキュリティ予算の少なさです。ＩＴ

図表3-5　サイバーセキュリティ市場の規模（2018年時点）

国名	米国	英国	中国	日本	ドイツ
サイバーセキュリティの市場規模	393億ドル	61億ドル	56億ドル	51億ドル	46億ドル
国民一人当たり	120.2ドル	92.4ドル	4.0ドル	40.5ドル	55.4ドル
人口	3億2700万人	6600万人	14億人	1億2600万人	8300万人

出典：IDCの発表したサイバーセキュリティ市場の規模に関する各国の統計値に基づき筆者作成

への投資が、業務の効率性を高め、コスト削減を行うための手段と見なされがちの日本では、ITを扱う情報システム部門でも少数でコストをかけずに業務を行うことが求められがちです。ましてや、ITの一部であるサイバーセキュリティにお金をかけるという考え方は、こうした文化の中で馴染みませんでした。

日本のサイバーセキュリティ予算が他の先進国と比べていかに少ないかを知るために、IT専門調査会社のIDCが発表している各国のサイバーセキュリティの市場規模と国民一人当たりの市場規模を比べてみましょう。中国の国民一人当たりの市場規模が他国よりも小さい理由は、都市部と国民の多数が住む農村部との経済格差に起因しているものと思われます。中国を除けば、日本のサイバーセキュリティ市場が他国に比べ、圧倒的に小さく、日本の組織がサイバーセキュリティにあまり投資していない様子が窺えます。

サイバーセキュリティ予算の不足は人材不足にも繋がります。攻撃者たちが、時には国家ぐるみで英才教育を受け、ダークウェブの世界では国境を越えて攻撃手法を共有し自己研鑽を積み、金や国家のためにサイバー攻撃を仕掛けているのと比べ、実に対照的と言わざるを得ません。

サイバーセキュリティ人材とストレス

「RSAカンファレンス」と呼ばれる世界最大級のサイバーセキュリティの国際会議があります。毎年、米国西海岸のサンフランシスコで一週間にわたって開かれ、世界中からサイバーセキュリティ企業やIT企業、政府関係者、大学・研究機関の関係者が四万人以上参加します。主催している米RSAセキュリティ社の「RSA」とは、今私たちの情報を守るために欠かせない重要な暗号を開発した三人の技術者の名前（Rivest、Shamir、Adleman）から頭文字を取ったものです。

二〇一九年三月のRSAカンファレンスの特徴は、サイバーセキュリティの現場で働く人たちの疲弊とストレスについて初めて大きく扱われたことでした。基調講演で複数の専門家たちが繰り返し警鐘を鳴らし、この問題の深刻さを強く印象付けました。サイバーセキュリティ業界の人々のうち六六％が、転職を考えるきっかけを職場でのストレスとしており、しかも、ストレスが軽減されるならば給与が下がっても転職したいと考えている人はそのうち五一％に及んだ、と米マイクロソフト社のアン・ジョンソン副社長が指摘したのです。

ストレスの原因としてカリフォルニア大学バークレー校のクリスティーナ・マスラック名

誉教授が指摘していたのは、増え続ける仕事量の他、達成感を感じられるような激励や賞賛が得られないこと、職場の人間関係などでした。政府や企業の機密情報が漏洩した事件や工場の運用が停止するといった、対応に慎重さを求められる事案をサイバーセキュリティ人材は扱うため、仕事の中身はおろか、職場での悩みも家族や友人においそれと打ち明けられない環境で働いていることを周囲が理解してあげる必要があります。仕事の悩みについて相談できるのが職場の上司や同僚だけになり、職場の人間関係が行き詰まると、逃げ場がなくなってしまうからです。

その上さらに、一番業務の重要性や機密性を分かってやり、予算面・人事面で支えなければいけないはずの上司や経営層から、「ありがとう」の言葉もかけてもらえないどころか、サイバーセキュリティ強化のための予算を願い出ながらも放置され、警告していたとおりサイバー攻撃の被害が出ると今度は叱られるという状況すら珍しくないようです。そうした環境にサイバーセキュリティ人材が長く置かれれば、どんな精神状態に陥るか想像に難くありません。給与やボーナスといった金銭面での褒賞も大事ですが、「自分は必要とされている」「自分の仕事は役に立ち、感謝されている」と感じられるような精神的な支えとなるコミュニケーションがサイバーセキュリティの仕事でも非常に大切です。

二〇一八年現在、サイバーセキュリティ人材の教育や認定資格提供を専門とする米非営利団体の（ＩＳＣ）^{2}《アイエスシー・スクエア》によると、世界でサイバーセキュリティ人材は三百万人不足しています。日本よりもサイバーセキュリティの予算と人材がはるかに潤沢な米国でさえ、人材の疲弊とストレス、自殺が問題になっています。日本では、なおさら危機感を持って、サイバーセキュリティ人材への理解と支援のあり方を見直すべきではないでしょうか。

一般企業の場合、当然のことながら本業は製造業などサイバーセキュリティ以外のところにあります。本業に関わる技術者に対しては、評価基準や研修制度、キャリアパスが整っていても、サイバーセキュリティ人材向けの評価基準や研修制度の整備はこれからの課題です。

アラート疲れが続き、オペレーターがストレスで大事なアラートを見過ごし、サイバー攻撃の被害拡大に繋がれば、その企業や顧客も打撃を受けてしまいます。だからこそ、監視・検知・分析の負担を減らせるようなＡＩの活用、高度なスキルを身につけるための研修、研究開発をするための特別なネットワークや容量の大きいコンピュータ環境など、就労環境の整備が急がれます。ＡＩについては、第五章で詳しく触れます。

何万人もの攻撃者たちが豊富な資金を元に、自由闊達にダークウェブで情報交換し合い、攻撃ツールを手に入れ、研修を受けて自己研鑽を続けているのです。サイバーセキュリティ人材が対抗し続けられるようにするには、経営層が彼らとその活動を信頼し、自由な発想で攻撃と防御について考えられるようにする予算と環境を与えなければなりません。

サイバーセキュリティ人材は、新しい技術の研究開発などの成果が国内外で認められている人や国際カンファレンスなど目につく場で華々しく発表している人だけにとどまりません。皆さんの職場で地道にコツコツ働き、自社や顧客の企業をサイバー攻撃から長い間守り続けている人たち、彼らこそが日本のサイバーセキュリティを支える縁の下の力持ち、ヒーローだということをどうか忘れないで下さい。そういった一見地味でも、仕事に誇りを持ち、自分たちの職場と仲間、顧客のためにサイバーセキュリティを守り続ける気概を持った人材が同じ職場にいることを認識するだけでも、周囲の帰属意識は変わります。

こうしたサイバーセキュリティ人材の不足を克服すべく、日本の一般企業が人材のあり方について情報共有するために作ったのが前述の「産業横断サイバーセキュリティ人材育成検討会」です。日本を代表する大企業四十四社が集う検討会では、一般企業におけるサイバーセキュリティ人材に求められる業務やスキル、キャリアパス、対抗すべき脅威について議論され、いくつも有益な知見をまとめた報告書をウェブサイト（https://cyber-risk.or.jp/）で公表しているので、ご参照下さい。

サイバーセキュリティ人材たちの静かなる戦いを是非、応援し、言葉に出して労《いたわ》って頂きたいと切に思います。そのためにも、サイバーセキュリティ防御の仕組みについて情報と問題を共有し、サイバーセキュリティ人材と一緒に攻撃者と戦っていこうではありませんか。

第四章　今こそ役立つサイバー脅威インテリジェンス

第一章から第二章にかけて見てきたように、様々な攻撃者があの手この手で巧みにサイバー攻撃を仕掛け、多くの被害をもたらしています。被害を防ぐためには、攻撃者がどのような目的でどういった手法でサイバー攻撃を仕掛けてきているかを学び、今の自分たちの防御策がそうした攻撃に対処できているか確認しなければなりません。敢えて攻撃者の視点に立って防御策を見直さなければ、独善的な対策になってしまいます。そして、「まさかこんなところは攻撃してこないだろう」という心の隙を突いたサイバー攻撃を仕掛けられてしまうでしょう。

また、米中貿易戦争や各国のサイバーセキュリティ関連の規制、攻撃者の逮捕や起訴など、サイバーセキュリティに関するニュースは頻繁に報道されています。しかし、そうした事象が企業レベルのサイバーセキュリティにとってどういう意味を持つのかまで、日々様々な業務で多忙な人々はなかなか掘り下げる余裕がないのが現状です。

日々の守る側の現場におけるサイバーセキュリティ対策の技術的強化から、経営層や一般社員がサイバー攻撃の脅威について具体的に分かりやすくストーリーとして学び、次のアクションに結びつける上で情報提供してくれるのが、「サイバー脅威インテリジェンス」です。後述するように、専門企業によるサイバー脅威インテリジェンスのサービスには、経営層の海外出張前のリスクの洗い出しや最近話題の国際ニュースとサイバーセキュリティの関係性についての解説も含まれます。

経営層へのサイバーセキュリティ教育と対策が重要なのは、大きな権限を持ち、機密情報へのアクセス権を持つ経営層は、第一章のノーテルの事例で触れたように、サイバースパイ活動で狙われやすい傾向にあるからです。しかも、米通信大手ベライゾンが二〇一九年に出した調査報告書によれば、経営層が標的になる確率は従来の十二倍にも増えていました。ただでさえ多忙な経営層は限られた時間の中で急いでメールを確認しようとするため、どうしても標的型攻撃メールに引っかかりやすくなってしまいます。

しかし、サイバー攻撃に対抗するために必要なサイバー脅威インテリジェンスについて分析するアナリストや専門企業は、ほとんどが海外にいます。さらに、海外政府の情報機関が高度なサイバー攻撃を仕掛け、国内のサイバーセキュリティ人材育成に乗り出している中、日本の情報機関は圧倒的に規模が小さく、予算も少ないのが現状です。日本が抱えるインテリジェンスの問題点についても、触れたいと思います。

そもそも「インテリジェンス」とは何か

セキュリティの世界で、「インテリジェンス」とは、様々な情報源から集めた断片情報を吟味した上で総合的に分析したものを指し、次に取るべき行動について意思決定するための判断材料となります。サイバー攻撃に対してどのような行動を取るかを決める上で不可欠かつ最も基本となる概念です。

インテリジェンスとは、日本語で知性、知能、情報、諜報など様々な言葉に訳されています。ラテン語の「inter（〜の間に）」と「legere（を集める、拾い集める）」が組み合わさり、「区別する」、「理解する」という意味の「intellegere」になったという背景を知ると、日本語で複数の意味に訳し分けられた理由が見えてきます。雑多に散らばっているものを拾い集め、取捨選択して状況を理解することが本来の意味だったのですから、政府の任務としての文脈で捉えれば「諜報」になりますし、もっと広い文脈で考えれば、集めた「情報」、それを理解できるだけの「知性」、「知能」という意味になります。

次に問題になるのが、「データ」も「インフォメーション」も「インテリジェンス」も全部、日本語では「情報」と訳されることです。それぞれ何が違うのか、と混乱する方もおられるかと思います。身近な私たちの健康を例に違いをご説明しましょう。

まず「データ」は断片情報を意味しており、例えば、体重、ウエスト周り、血糖値などが当たります。ところで百七十センチの身長、六十五キロの体重というデータどちらかだけでは、その人が太り気味なのか、痩せ型なのか判断はつきません。しかし、体重と身長のデータを合体させれば、ＢＭＩ（肥満度指数）を弾き出せます。このＢＭＩのように異なるデータとデータを集めて導き出されるのが「インフォメーション」です。

「インフォメーション」で本人の肥満度は判明しましたが、その人が健康なのかどうかを知るには、胃部Ｘ線検査、血液検査、尿検査、視力検査、聴力検査、骨密度の測定などが必要です。そうしたデータやインフォメーション全てを総合的に見ることによって、その人の健康に関する全体像を把握することができ、次に受けるべき検査があるかどうか、どのような食生活が必要かが分かります。次に取るべき行動を示してくれる包括的な分析結果が、「インテリジェンス」なのです。特定の読者に合わせて、様々な分野の専門家による分析が加えられている分、インテリジェンスはインフォメーションよりも量が少なく、価値が高くなります。

インテリジェンスを国家規模で考えると、国家の安全を守るために様々なところから情報を集め、分析し、大統領や首相、国防大臣、軍の司令官が次に取るべきアクションを意思決定するための検討材料となります。そして、そのインテリジェンスを提供するのが国の情報機関であり、情報機関がインテリジェンスを収集する手段の一つがサイバー攻撃によるスパイ活動です。だからこそ、第二章でご紹介したように、中国やロシア、北朝鮮のサイバー攻撃の一部は情報機関が行なっています。

サイバー脅威インテリジェンスの役割

では、サイバーセキュリティで果たすインテリジェンスの役割とは何か考えてみましょう。企業のサイバーセキュリティ関連の意思決定において判断材料を与えてくれるのが、「サイバー脅威インテリジェンス」と呼ばれるものです。企業にとっての「脅威」には、サイバー攻撃やサイバーセキュリティ関連の規制、地域情勢の変化、出張先の国で高級ホテルに宿泊するエグゼクティブを狙ったサイバー犯罪などが含まれます。第一章でご紹介したように、サイバー攻撃によって企業にとって貴重な事業計画や知的財産に関する情報が盗まれた後、経営破綻に至った事例もありますし、停電や溶鉱炉の破損など目に見える具体的な被害事例も出ています。こうしたサイバー攻撃は、企業の事業継続性だけでなく、顧客の生活やビジネス、企業の評判やブランドにも打撃を与える脅威です。

また、米露・米中間の緊張関係は、米国や中国に市場を持つ企業にとって、調達できるIT・サイバーセキュリティ製品を直撃します。そのため、国際ニュースの背後に隠れた地政学的な意味合いやサイバーセキュリティへの影響について読み解く必要があります。

サイバー脅威インテリジェンスをまとめるには、様々な場所に散らばっているデータを収集し、外国語の知識やウイルスの解析技術など多様なスキルを持っているアナリストに分析してもらわなければなりません。しかし、日本に限らず欧米でも、一般企業がこれだけ幅広い分野のインテリジェンスを日々集めるのも、それだけの人材を雇うのも至難の業です。だからこそ、サイバー脅威インテリジェンスを提供するサービスを専門としている企業が存在します。

主要なサイバー脅威インテリジェンス企業は米国、英国、イスラエルにあり、顧客にインテリジェンスをポータルサイトを通じて、あるいはレポートとして提供しています。その任務は、企業や政府の意思決定に責任を持つ人たちに対し判断材料を提供し、社員や組織、顧客をサイバー攻撃から守り、市場における競争力を維持できるよう手助けすることです。

欧米では、三つの異なる企業からサイバー脅威インテリジェンスのサービスを購入している組織もよく見られます。これは、サイバー脅威インテリジェンス企業によって得意分野が違うためでもありますが、利用者側がそれだけサイバー脅威インテリジェンスを重視している証左でもあります。

特に、グローバル企業、金融、小売、航空、医療の各企業、法律事務所はサイバー脅威インテリジェンスに力を入れています。グローバル企業は、盗まれれば失うものが大きい情報を大量に有しており、世界中で様々なサイバー攻撃にさらされています。金融業界も小売業界もITインフラがお金と直結しており、ITインフラの安心安全と安定を脅かすリスクに関する情報に高い関心を持っています。航空業界は、世界中で複雑な路線を日々運航しており、飛行機の運用と安全に少しでも邪魔が入れば、世界の交通と経済に打撃が及びかねません。また、前述のように健康に関する個人情報は高値で取引されており、病院や保険業界はサイバー攻撃で狙われています。

　法律事務所がサイバー脅威インテリジェンスに投資するのは、企業の買収計画など価値の高い機密情報が集まっていて、実際にサイバー攻撃が増えているためです。米国法曹協会によると、百人以上の弁護士を抱えている法律事務所の四つに一つは、サイバー攻撃による情報漏洩を経験しているとのことです。その一例が、パナマの法律事務所の作成した機密文書がサイバー攻撃により大量流出した「パナマ文書」事件です。各国の首脳や政治家などのタックスヘイブンとの関わりが二〇一六年に暴露されてしまいました。また、米国企業が中国企業による著作権侵害で提訴した際、中国人ハッカーが米国企業側の法律事務所にサイバー攻撃を仕掛け、法廷戦略に関する情報を盗んだという事件もありました。

　機密文書の流出事件以外にも、法律事務所が危機感を強めるきっかけとなったのが業務の遂行を妨げるランサムウェアの感染被害です。例えば、二〇一六年に米ニューヨーク州の法律事務所がランサムウェアに感染し、データベースに三カ月以上もの間アクセスできないという甚大な被害を受けた事件がありました。顧客や訴訟関係の情報にアクセスできなければ、業務上も顧客との関係上も大きな障害となるため、サイバーセキュリティ対策強化のための判断材料となるサイバー脅威インテリジェンスが必要になります。

サイバー脅威インテリジェンスによって何が分かるのか

ここまで、サイバー脅威インテリジェンスのサービスの役割について解説してきたので、今度は、サイバー脅威インテリジェンスで得られる具体的な知見について掘り下げていきましょう。

サイバー脅威インテリジェンス企業の提供するサービスを使う最大の目的は、自社がどのようなサイバー攻撃の標的にされているのかを知り、攻撃者の目的や攻撃の特徴を踏まえて先回りして対策を取る、あるいは被害を最小化することです。

サイバー脅威インテリジェンス企業が扱う主なテーマは、図表4－1に示すとおりです。週刊レポートや、ポータルサイトで顧客に情報提供する他、顧客からの個別の相談・要請を受けてさらに詳しい情報を提供することもあります。

サービスの利用者は、サイバーセキュリティの現場で日々働く技術者と、経営層と現場の橋渡しをする管理職の大きく二つに分かれます。第一の利用者は、第三章でご紹介した、サイバー攻撃を受けた際の火消し役であるＣＳＩＲＴやサイバー攻撃の監視と検知を行うＳＯＣ、情報システム部門といった、サイバーセキュリティ担当部門で働き、ＩＴなどの技術的な問題に詳しい人々です。サイバー攻撃や攻撃者に関する最新情報を学ぶことによって、自社の防御力を高めます。

図表4-1　サイバー脅威インテリジェンスサービスが扱うテーマ

種類	盛り込まれる情報の例
特定の国や地域における脅威の評価	・特定の国や地域で活動しているサイバー犯罪グループ。 ・国家によるサイバー攻撃。 ・イデオロギー・政治思想に突き動かされたハッカーたち。 ・どのような攻撃手法を使って、なぜ、どの標的を狙うのか。 ・ダークウェブ上でのハッカーたちのやりとりの概要。 ・サイバーセキュリティやプライバシーに関する新しい法律や政策が、特定の国や地域における企業の活動にどのような影響を及ぼすか。
特定の攻撃者に関する情報	・どういうバックグラウンドの人々なのか。 ・なぜ、どういう組織を狙うのか。 ・どのような攻撃手法を使うのか。 ・今までの攻撃事例は何か。
ウイルスに関する情報	・サイバー攻撃に使われたウイルスの技術的な特徴。 ・ウイルスの攻撃における役割。
ダークウェブで売買されている盗まれた情報のサンプル	・サイバー攻撃で盗まれたメールアドレスとパスワード、クレジットカード情報などの個人情報。
最新ニュースに関する解説	・攻撃者に対する起訴や制裁に関するニュースの解説。 ・攻撃者の逮捕や新しい脆弱性に関する新聞のスクープ記事の解説。
内部脅威リスクの評価	・不満を抱いた社員や元社員、うっかりミスなどの内部脅威に関する説明。
サプライチェーンリスクの評価	・業界のサプライチェーンリスクに関する解説。
政策・法制度に関する解説	・サイバーセキュリティに関連する新しい政策や法制度が企業活動に与える影響についての解説。
国家による高度なサイバー攻撃	・国家が行う巧妙かつ長期間に及ぶサイバー攻撃についての最新情報。

図表4-2　サイバー脅威インテリジェンスの組織内での利用法（複数回答）

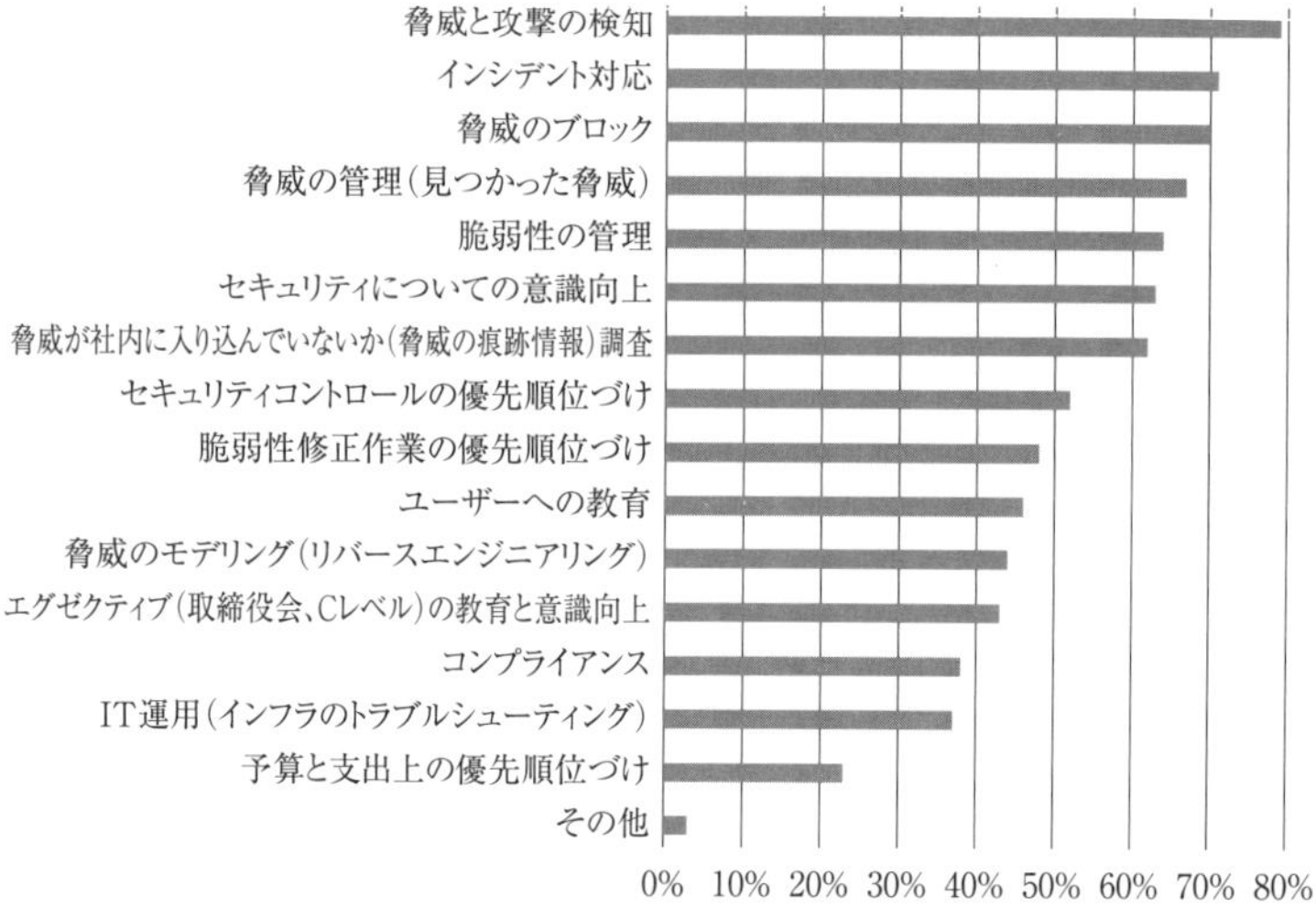

出典：https://www.sans.org/reading-room/whitepapers/analyst/cti-security-operations-2018-cyber-threat-intelligence-survey-38285, p.11

サイバー脅威インテリジェンスを組織の意思決定に役立てるには、インテリジェンスに日々触れ、過去と現在のリスク動向を長期的に比較・検証できるスタッフが必要です。米国の場合、数百人規模の企業であっても、サイバー脅威インテリジェンスの担当者を兼任で置くことがよくあり、数千人規模であればサイバー脅威インテリジェンスの専任チームがいます。

例えば、サイバーセキュリティの研修・教育を専門に行なっているサンズインスティテュートによる二〇一八年のサイバー脅威インテリジェンスに関する調査報告書によると、世界でサイバー脅威インテリジェンス専門のチームを擁している組織は四一・五％、専属の職員一人がいる組織は一一・八％でした。しかし、サイバー脅威インテリジェンス専門のスタッフがいない組織も四六・七％存在し、そうした組織の大半ではサイバーセキュリティ部門のスタッフが兼任でサイバー脅威インテリジェンスを担当しています。

自前でサイバー脅威インテリジェンスのチームやスタッフを持っている組織が、サイバー脅威インテリジェンスのサービスを外からも買う理由は、自社の最先端の製造技術情報や顧客・社員の個人情報、ブランドを守り、競争力を維持するためです。それには客観的な判断材料を多角的に集め、検討する必要があると経営層が考え、サイバー脅威インテリジェンスに投資しています。どのような攻撃手法やツールがサイバー攻撃で使われているのかをサイバー脅威インテリジェンスで把握することにより、企業のサイバーセキュリティ担当者は自社の日々の対策を見直して、より効果的な防御を構築することができます。

第二の利用者に該当するのは、経営層と現場の橋渡しをする管理職の人々です。経営層は、図表４‐３に示すようにサイバーセキュリティに関するリスクについて懸念しています。しかしＩＴやサイバーセキュリティに詳しいとは限らず、サイバー攻撃の手法やウイルスの細かい技術的な情報には関心を持っていません。経営者が一番気にしているのは、自社の事業や取引先、顧客へ影響しかねないビジネスリスクの全体像です。

そのため、新聞やテレビでサイバー攻撃に関する報道があれば、経営層は、「うちは大丈夫なのか？」と社内のサイバーセキュリティ担当者に質問します。新聞にはサイバー攻撃の

図表4-3　取締役が懸念しているリスク

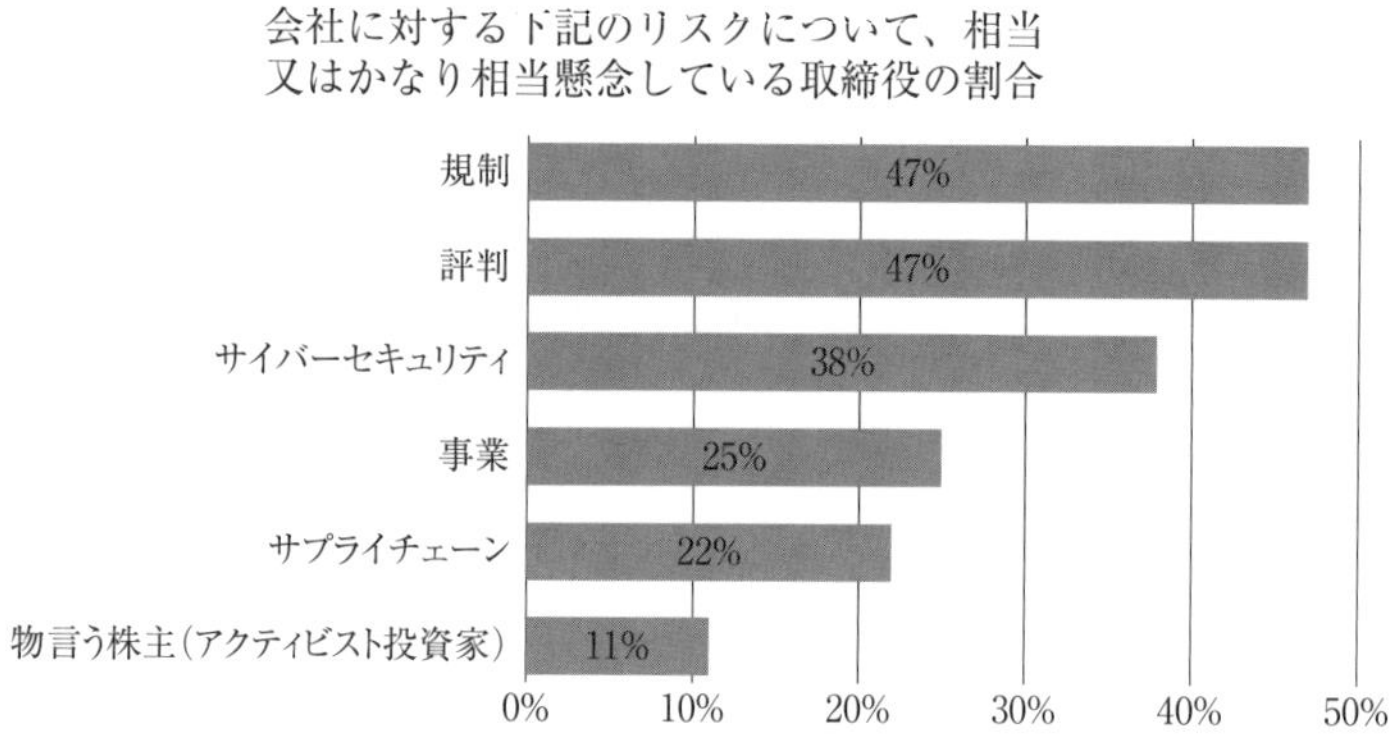

出典：https://hbr.org/2017/02/why-boards-arent-dealing-with-cyberthreats

被害の結果として何万人分の個人情報が漏洩し、工場の運用がどれくらいの期間止まったのかについては触れられています。しかし、どういう脆弱性が突かれたのか、どういうコンピュータウイルスが使われたのかという、社内のサイバーセキュリティ担当者が調査を始める手掛かりとして必要な技術的な情報は含まれていないことがほとんどです。新聞報道だけでは、自社のサイバーセキュリティ対策でそのサイバー攻撃に対応可能だったのかは分かりません。

　サイバー脅威インテリジェンスのサービスには、攻撃者がどのようなツールを使って、どのような動機でサイバー攻撃を仕掛けてきたのか、どのような脆弱性を突いたサイバー攻撃だったのかという技術的な情報の提供も含まれます。そうした情報があれば、攻撃を受けた他社と同じシステムを使っていたとしても、狙われた脆弱性について自社では既に対策済みかがすぐに判明します。経営層に回答する時間も短縮して、「このサイバー攻撃ではAシステムの脆弱性が突かれましたが、弊社は、いついつ既に対策済みなので大丈夫です」「この被害企業はこういう理由で影響を受けたので、弊社も対策を打たないと同じ影響を受ける可能性があります」と報告できるのです。サイバーセキュリティ対策を新たに取る上で予算が必要な場合も、担当者から経営層にストーリーを示して説明しやすくなります。

また、事業をグローバル展開している企業の経営層であれば、「来年からA国で新たな規制が導入されるが、これは自社のサイバーセキュリティ対策にどういう影響を及ぼすのか」「最近サプライチェーンリスクが問題になっているが、自社にはどういうリスクがあるのだろうか」といった懸念があります。また、サイバーセキュリティ担当者は、「買収の交渉のため社長が来月B国へ出張予定だが、どういうサイバー脅威が考えられ、どういうサイバーセキュリティ対策を取れば良いのか」と、経営層のために準備しなければなりません。こうした疑問に答えるのに役立つのが、サイバー脅威インテリジェンスサービスなのです。

サイバー攻撃を未然に防ぐ専門チーム

私たち守る側にとって究極の夢は、サイバー攻撃を受けても被害を未然に防ぐことです。しかし、リアル世界で犯罪や戦争による被害がなくならないのと同様、サイバーの世界でも完璧なセキュリティは存在しません。「それでも何とかしてサイバー攻撃の被害を未然に防ぎ、減らしていきたい」、サイバーセキュリティ関係者たちのそうした強い思いを受けて生まれたのが、攻撃者に成り代わって社内の脆弱性をチェックしてくれる専門家集団「レッドチーム」です。

「レッドチーム」は、ちょっと聞き慣れない言葉かもしれません。元々は敵軍を意味する軍事用語であり、自軍を意味する「ブルーチーム」が有事の際にちゃんと対応できるか、即応力を試すために誕生しました。一九九〇年代から情報セキュリティの世界でも用いられるようになり、「レッドチーム」がサイバー攻撃を、「ブルーチーム」がサイバー攻撃の検知と防御を担当します。「ブルーチーム」を構成するのは、第三章でご紹介した、サイバー攻撃の検知と通報を担当するSOCのメンバーや、サイバー攻撃の通報を受けて現場に駆け付けて対応に当たるCSIRTのメンバーです。

レッドチームの有用性が認められ、採用する政府や金融機関、企業の数は海外で増えてきました。数ある業界の中でも金融業界がサイバーセキュリティの先進的な取り組みに熱心なのは、大量の金と情報の宝庫である金融機関が以前から高度なサイバー攻撃を受け続けており、被害を防ぐには、相当の投資をして強固なサイバーセキュリティ対策を取らなければならないからです。

ちなみに、日本でも二〇一七年に株式会社リクルートテクノロジーズが日本企業として初めてレッドチームを社内に作りました。今では、日本の金融機関でも設置されるようになってきています。

レッドチームの仕事は、正義の味方でありながらも、敢えて攻撃者の立場からサイバー攻撃を仕掛けることにより、社内の防御態勢に抜けがないかチェックすることです。「攻撃者だったら、この企業のどういう情報を盗みたいと思うか」「攻撃者だったら、この企業のどのような業務を妨害したいと思うか」と、攻撃者の視点に立って考えます。次に「サイバー攻撃を成功させる足がかりとして使えるような脆弱性が社内のＩＴシステムに残っていないか」「どういうメールと添付ファイルを使えば、相手が不信感を抱かずに開いて、ウイルスを感染させられるか」など攻撃手段と計画を練り、防御の盲点を確認します。

レッドチームがサイバー攻撃のシナリオ作りに使うのが、サイバー脅威インテリジェンスです。「どういう攻撃者が最近暗躍しているのか」「最近、同業他社へのサイバー攻撃にはどんなものがあるのか」「どういう脆弱性やウイルス、標的型攻撃メールなどの攻撃手法が使われたのか」を知ることで、レッドチームはより現実味のある攻撃を実行できます。

レッドチームの攻撃から社内のＩＴシステムを防御するのが、ブルーチームです。万が一、防御を一カ所破られたとしても、ウイルス感染がそれ以上広がらないようにするために感染したコンピュータやサーバーを隔離するなど、臨機応変に対処しなければなりません。

こうしたレッドチームとブルーチームの攻防の様子を俯瞰して可視化するツールを使うことも、その後の社内のサイバーセキュリティ強化にとって有用です。また、シナリオの進行具合を見ながら、レッドチームが勢いに乗って攻撃し過ぎてしまった場合には止めに入り、必要に応じて「ＡとＢの部署だけでなく、Ｃの部署の使っているＩＴシステムのサイバーセキュリティ防御状況も確認」などとアクションをシナリオに追加する審査・監視役を務める人たちは「ホワイトチーム」と呼ばれます。

レッドチームが攻撃を行うと、社内のネットワークやコンピュータ、サーバーといったITシステムにどういう脆弱性が残されていたのか、サイバーセキュリティ上の弱点が浮き彫りになります。本物の攻撃者がそれを悪用したサイバー攻撃を仕掛けてくる前に、レッドチームとブルーチームが協力して防御の抜け穴を埋めなければいけません。経営層にも報告し、場合によってはサイバーセキュリティ強化に必要な追加予算や人員を要請します。

レッドチームを運用し成果を出すために大切なポイントは、三つです。まず、レッドチームのメンバーが倫理観を持っていることが重要です。「会社を守るためにシミュレーションとして攻撃を仕掛けるのであって、会社のITシステムを滅茶苦茶に破壊するためにサイバー攻撃をするのではない」と目的と手段を履き違えないように経営側とレッドチーム側で共通認識を持たなければなりません。

第二に、レッドチームがどういうサイバー攻撃をどこまでやって良いか、サイバーセキュリティ部門のトップであるCISO（最高情報セキュリティ責任者）や社長を含め、経営層の了解と許可を事前に取っておくことです。闇雲にサイバー攻撃を仕掛ければ、社内業務、顧客へのサービスに支障が及びかねません。また、攻撃の手法や対象によっては法律に抵触する可能性もあるため、法務部門や弁護士との相談が必要です。

第三に、言わずもがなかもしれませんが、レッドチームの活動の必要性を会社として認識し、その自由な発想や研究、働き方を尊重することです。守る側の視点だけですと、どうしても近視眼的になり、死角を突いた柔軟なサイバー攻撃への対応が難しくなります。攻撃と防御の両方を知っているレッドチームだからこそ、本物の攻撃者に侵入される前に防御の穴を見つけてくれるのです。

「真面目にサイバーセキュリティ防御の対策を取っていたのに、レッドチームのせいで面子を潰された」「仕事を増やされた」と社員に思われてしまっては元も子もありません。攻撃と防御の両方を知る専門家集団であるレッドチームが、防御の固定観念を打破し、攻撃者に悪用される前に防御の弱点を見つけてくれるのですから、せっかくのチャンスを自社の強みに変えていかなければなりません。

レッドチームで働く人たちは、一見突飛に思えるような独特の思考回路を持って、防御と攻撃の両面を研究しています。柔軟な発想を得るには、柔軟な働き方を職場が尊重しなければなりません。また、レッドチームが現実味のあるシナリオを作るためには、攻撃を検証するための仮想ＩＴ環境やツール、サイバー脅威インテリジェンスサービスを職場が導入することが必要です。

ここまでサイバー脅威インテリジェンスを使う側について紹介してきましたので、今度はサイバー脅威インテリジェンスを提供する側の企業で働く人々の実像に迫りたいと思います。

働く人々のバックグラウンド

サイバー脅威インテリジェンス企業として設立されてからどれくらい経つかや、市場の規模によって勤務するアナリストの数は変わりますが、一般的に、サイバー脅威インテリジェンス企業は数十人から数百人のアナリストを抱えています。優秀な人材を見つけて雇うのも、維持するのも、非常に高くつくため、サイバー攻撃に関する情報収集作業をいかに自動化し、効率性を高めるかがどの企業にとっても課題です。しかし、全ての作業を自動化することは不可能であるため、優秀な人材はやはり必須です。

アナリストの主なバックグラウンドを図表4－4にまとめました。

彼らの主な業務は、日々の調べ物、レポート作成、顧客からの個別の問い合わせ対応、顧客との電話会議です。アナリストたちの朝は、夜寝ている間に世の中で何が起きたのかを調べ、読み込む作業に費やされます。攻撃者に対する起訴や制裁が発表されていないか、マスコミがサイバーセキュリティやサイバー攻撃関連でスクープ記事を出していないか、ソフトウェアの新しい脆弱性情報が発表されていないか、ダークウェブのフォーラム上でどんなやりとりが行われていたか、をひたすら調べて読み続けるのです。気になった情報があれば、さらに関連情報がないかどうか確認し、インテリジェンスを十分に集めてレポートを書きます。

図表4-4　サイバー脅威インテリジェンス・アナリストのバックグラウンド

語学・国際関係・地域研究	主に大学や大学院で国際関係を専攻し、海外に留学した経験を持ち、ロシア語、中国語、スペイン語などを話せる人々です。サイバー脅威インテリジェンスで最も使われる言語は英語であるため、英語の能力も必須です。 攻撃者が攻撃時やダークウェブのフォーラムで行うやりとりを隠語も含めて読むことができ、しかも、攻撃に関するやりとりの文化的、地政学的背景も理解できることが求められます。
ウイルス分析	攻撃で使われるウイルスを分析して、どのような役割を果たすのか理解できる人々です。 プログラミングの技能も持っているため、隙間時間に、他のアナリストたちの業務効率を向上させるため、AIを活用した情報収集や検索の自動化ツールを作ることもあります。
顧客の業種出身者	金融などの業種での勤務経験を持ち、それぞれの業種でどのような技術が使われているのか、どのようなインテリジェンスが求められているのかについて理解している人々です。
警察・司法機関出身者	警察・司法機関での調査手法について理解している人々です。
軍・情報機関出身者	インテリジェンスの専門家であり、どのように問題に対処するのか、いかに思い込みを捨てて分析すべきかを理解している人々です。

サイバー脅威インテリジェンス企業は、日々、有料の顧客向けサービスでレポートを数本出しています。緊急性の高いものであれば数パラグラフ、調査レポートであれば、じっくり分析した内容を盛り込むため、数ページ分に及びます。

大規模個人情報漏洩事件、サイバー攻撃による業務妨害、攻撃者の逮捕・起訴などに関するニュースが出ると、そうした事象が業界にとってどんな意味を持つのか調べてレポートを書きます。また、プライバシーやサイバーセキュリティに関する新しい法律や政策ができると、それが特定の国や地域における企業の活動にどのような影響を及ぼすのかについても予想レポートを出します。また、大規模なサイバー攻撃被害が出たり、攻撃者に関するスクープ記事が出た時には、マスコミからコメントを求められることもあります。

どういう攻撃者が、どういう目的でどういった業種の企業をどのようにして攻撃しているのかという情報は、企業のサイバーセキュリティ対策を考え直す上でも、経営層の出張時のサイバーセキュリティ対策を用意する上でも役立ちます。

アナリストたちが書いたレポートの原稿は、社内の編集チームが論旨は明確か、顧客の要望に応えた内容になっているかチェックし、編集作業を行った上で顧客に送付されます。

その他の重要な業務として、顧客からの個別の問い合わせ対応があります。例えば、ダークウェブ上に特定の情報が出ていないか、特定の地域や国における脅威は何かが問われます。回答期限は、当日中の場合もあれば、一週間後のこともあります。

顧客への個別対応では、メール回答や電話会議がほとんどです。扱う情報の機密性が高い時や顧客が出張で近くに来ている場合には、対面での打ち合わせが行われます。

その他にも、カンファレンスやワークショップでサイバー脅威インテリジェンスの知見を発表することも奨励されています。同じ関心を持つサイバーセキュリティ業界の人々に脅威に関する知識を還元し、互いに学び合うためです。

中国人民解放軍のハッカーを「名指し」

欧米でサイバー脅威インテリジェンスが注目されるようになった大きなきっかけの一つが、米国のサイバーセキュリティ企業であるマンディアント（現在は、サイバーセキュリティ企業のファイア・アイの傘下）が二〇一三年二月に発表した「ＡＰＴ１レポート」（https://www.fireeye.com/content/dam/fireeye-www/services/pdfs/mandiant-apt1-report.pdf）です。「ＡＰＴ（Advanced Persistent Threat）」とは、高度な継続的脅威という意味で、目指す結果が得られるまで、攻撃者が巧妙な手法を駆使して、特定の標的に攻撃を執拗に続けるサイバー攻撃を指します。数字の「１」は、このレポートで扱った特定の中国の攻撃者に振られた番号です。二〇一九年十月現在、ファイア・アイの場合、ＡＰＴ41まで攻撃者に通し番号が振られていますが、サイバーセキュリティ企業によって、攻撃者に付ける名称は異なります。

このマンディアントのレポートは、中国人民解放軍総参謀部の上海にいるサイバー攻撃部隊（６１３９８部隊）の実態について克明に綴ったものでした。サイバーセキュリティ企業がオンラインで一般公開するサイバー脅威インテリジェンスのレポートは、通常、せいぜい二十ページほどです。しかし、マンディアントのレポートは七十四ページに及び、部隊がいる上海の建物の写真やハッカーの名前や顔写真という生々しい情報まで含まれています。サイバー攻撃に使われたツールやＩＰアドレスだけでなく、中国人民解放軍所属の攻撃者の個人名も初めて網羅していました。

中国政府からと見られる米国企業へのサイバー攻撃に関する報道はその前からありました。しかし、攻撃者が人民解放軍であると断じるに至った根拠をここまで詳しく公開したのは、このマンディアントのレポートが初めてです。ただし、６１３９８部隊のサイバー攻撃能力はそれほど高いものではなく、身元特定のための多くの手がかりをうっかり残していたとマンディアントも認めています。

例えば、攻撃者の一人は職場のコンピュータからフェイスブックにアクセスしており、しかもフェイスブックに登録したメールアドレスに、他の場所でも使っている自分のあだ名を入れていました。中国はネット検閲システム「グレート・ファイアウォール」があるため、中国から直接フェイスブックにアクセスできません。このネット検閲システムを回避するために、攻撃者は職場からフェイスブックを閲覧していたようです。また、Ｇメールのアドレスを作るときに登録した携帯番号が自分の個人携帯だったらしく、６１３９８部隊のいる上海の電話番号になっています。こうした細々とした手がかりを突き合わせて、攻撃者の正体に関する詳細なレポートが作られ、発表されたのです。

ＡＰＴ１レポートは、中国人民解放軍総参謀部所属のサイバー攻撃部隊が七年間にわたって米国、ヨーロッパ、日本を含むアジア、アフリカのＩＴ、交通、製造、建築、金融、エネルギー、航空宇宙、化学、鉱業、法律事務所などの百五十近くの企業にサイバースパイ活動を展開していたことを詳らかにしました。サイバー攻撃のターゲットになっていた産業は、中国の第十二次五カ年計画で強化が謳われていた産業でした。しかし、中国国防部は、直ちにそれを否定し、「サイバー攻撃の多くは乗っ取られたＩＰアドレスを使っている」として、マンディアントがサイバー攻撃の出元を人民解放軍と断定したことには技術的な根拠が欠けていると反論しています。

このマンディアントのレポートが世界で注目された理由は、情報の生々しさだけではありません。レポートが出たタイミングも重要でした。レポートが発表される二週間前に、ＡＰ通信が、米国政府は国家インテリジェンス評価レポートを取りまとめ中であり、中国政府による米国企業へのサイバー諜報活動の詳細について明らかにする予定、と報じたばかりでした。そのため、中国政府によるサイバー攻撃に対し世界の注目がちょうど集まっていたのです。ニューヨーク・タイムズなど大手メディアがＡＰＴ１レポートを大々的に取り上げ、サイバー脅威インテリジェンスが注目を集めるようになりました。

米中間でサイバー攻撃を巡る緊張が高まる中、一三年六月に米中首脳会談が開かれ、オバマ大統領は習近平国家主席に対し、中国政府が米国企業に対し産業スパイ目的でサイバー攻撃を仕掛け、知的財産を盗み取っていると非難しました。そして、米国政府は米国企業の商

図表4-5　2014年5月19日にFBIのホームページに掲載された指名手配写真

出典：https://www.fbi.gov/news/stories/five-chinese-military-hackers-charged-with-cyber-espionage-against-us

業的利益のために諜報活動で得たインテリジェンスを渡すことはしていないとその立場を繰り返し表明したのです。

しかし、この米中首脳会談は、米国家安全保障局（NSA）元契約職員のエドワード・スノーデンがNSAによる中国政府などへのサイバー諜報活動をマスコミに暴露した直後に行われたため、米国政府による諜報活動へ世界の批判が集まっている時期でした。習近平国家主席は、この世界情勢を利用し、逆に、米国政府による中国へのサイバー諜報活動への懸念を表明したのです。結果、産業スパイ活動と安全保障のための諜報活動を区別する米国と区別しない中国との話し合いは平行線を辿りました。

レポートが発表されてから一年後の二〇一四年五月、米司法省が初めて外国政府による米国企業へのサイバー経済諜報活動容疑で起訴したのが、くだんの第61398部隊所属の五人であり、しかもマンディアントのレポートが取り上げたハッカーの名前が起訴状に含まれていました。この起訴を報じるニュースでは、マンディアントのレポートが何度も引用され、再度注目を集めたのです。当時日本のマスコミも、ＦＢＩが作った五人の顔写真付きの指名手配ポスターを報じていたため、ご記憶の方もおいでかもしれません。中国外交部は直ちに起訴に反応、起訴状の内容は「でっち上げ」であり、米中両国間の信頼関係を損なうものだと反論しました。

攻撃者の身元特定に至るステップとは

サイバー攻撃者についてのレポートを発表するにしても、起訴や制裁措置、軍事対応をするにしても、まずは問題となっているサイバー攻撃を実行した攻撃者の身元を特定しなければなりません。身元を突き止めるには、幾つかのステップを踏みます。

通常、身元特定に向けた最初のステップは、攻撃者が被害者のＩＴ環境に残した足跡を見つけることから始まります。これは攻撃の痕跡情報（ＩＯＣ：Indicator of Compromise）と呼ばれるもので、例えば、重要な情報が入っているデータベースへのアクセス量の急激な増加、機密情報の外部への大量送信、東京にいるはずの社員がなぜか自分のアカウントに海外からログインしていること、いつもは一回でログインできている社員が何度も失敗していること、などがあります。こういった事象が見つかると、サイバー攻撃の疑いありとされ、さらに詳しく調べることになります。

ここでサイバー攻撃の実行犯の視点に立って、攻撃するためにどのような思考と動きをするのかを追いつつ、彼らの「痕跡」を探ってみましょう。

当然ながら、国内外の警察に捕まったり、インターポールなどの国際司法機関から手配書を出されたいと思う攻撃者はまずいません。そのため、なるべく隠密裏にサイバー攻撃を行おうとします。被害者の組織に気付かれないようにするために、通常の通信に紛れ込んで情報を抜き取ろうとするのです。それでも情報を盗み取るためには、どうしても普通ではあり得ないような通信の動きが発生せざるを得ません。例えば、重要な情報が入っているデータベースから情報を抜き取るために、アクセス回数が通常よりも増加するなどです。

また、情報を盗み取って初めて目標が達成できる訳ですから、情報を外部に送信しなければなりません。第一章でカナダの通信機器メーカー大手のノーテル・ネットワークスの経営破綻の事例をご紹介しました。社内のサイバーセキュリティ担当者がサイバー攻撃を察知したきっかけは、カナダにいる経営幹部が英国の情報を大量にダウンロードしていたことに気付いたからでした。これは、攻撃者が、幹部のアカウントを乗っ取って情報を外に送っていたからです。

腕の良い攻撃者であればあるほど、痕跡を隠し、被害組織が使っているサイバーセキュリティ製品の裏をかいて検知の網をかいくぐり、なるべく多くの情報をなるべく長い間盗み続けようとします。第二章で触れた中国人ビジネスマンと中国人民解放軍空軍のハッカー二人が共謀し、ボーイングから米軍の戦闘機の情報をサイバー攻撃で盗んでいた事件でも、ハッカーたちがサイバーセキュリティ製品の検知を回避する技術を使っていたのはそういう訳です。

こうして守る側の防御策の裏をかいて、悪賢く逃げ回る攻撃者の痕跡を見つけるには、とにもかくにも、検知の網を二重三重に張り巡らし、しかも検知のログ（記録）を保管し、ゆめゆめ攻撃者にログを消去されてしまわないようにしておくことが大切です。当たり前のことのように聞こえるかもしれませんが、記録を取っていなかったがために、サイバー攻撃がどう行われたのか後から調べられないこともあるからです。

また、攻撃者の身元を特定するにあたっては、過去に同じウイルスが使われていないか、コンピュータやネットワークへの侵入の方法が以前と同じかどうかも確認します。さらに、ウイルスが作られたコンピュータの言語の設定情報やウイルスの中につけた攻撃者のコメントの言語、標的型メール攻撃に使われたメールの書き振りも攻撃者が誰かを探る上で重要なヒントです。例えば、メールの差出人が日本人を名乗っているにもかかわらず、メールの本文に簡体字が使われていれば、本当に書き手が日本人だったか疑わしくなります。とは言え、攻撃者が調査を混乱させるためにわざと偽の手がかりを残すこともあるため、身元を特定する作業は、複数の手がかりを突き合わせての慎重な検討が求められ、骨が折れます。

サイバー攻撃の行われる時間帯やタイミングも、攻撃者のいる場所を特定するのに使われます。例えば、中国人民解放軍からと見られるサイバー攻撃を調べていた米サイバーセキュリティ企業のクラウドストライクは、その攻撃ツールが中国の勤務時間帯に作られていたことを発見しました。

こうした攻撃の痕跡情報を調べて攻撃の手法やツールを把握するのと並行して身元特定の上で考慮しなければならないのは、なぜ攻撃したのかという動機です。特に、攻撃者が政府機関や政府に雇われた民間人だった場合、国家間の政治・経済交渉の状況や緊張関係など地政学的な要素も分析しなければ、背後に隠された動機は浮かび上がってきません。動機が分からなければ、今後発生し得る同様のサイバー攻撃に備えるのは困難になります。

例えば、先述した中国人ビジネスマンと人民解放軍空軍の共謀によるボーイング社からのデータ窃取事件の動機を探るには、サイバー攻撃が行われた二〇〇八年から一四年の人民解放軍の空軍戦略に注目する必要があります。人民解放軍空軍の発行している新聞には、〇八年初め、「中国の国際的な地位に呼応して」「近代化された戦略的空軍を作る」よう共産党が命じたと書かれています。有罪判決が出た中国人ビジネスマンによるサイバー攻撃は、こうした中国の空軍強化戦略に則《のっと》ったものだったと考えられます。

攻撃者の身元特定と情報公開のジレンマ

一般人にとって、被害の大きさが必ずしも目に見えないサイバー攻撃は実体のない遠い存在になりがちであり、これがサイバーセキュリティへの関心と予算が低くなる一つの原因となっています。しかし、マンディアントのサイバー脅威インテリジェンスレポートによって、攻撃者が働いている建物の写真や攻撃者の顔写真といった実に生々しく、しかも一般人にも分かりやすい情報も明らかにされ得ることが示されました。サイバー攻撃についてマスコミの注目が集まり、報道も増え、「サイバー攻撃は身近な問題だ」と人々の意識を高める上で、サイバー脅威インテリジェンスは大きな役割を果たしたのです。

その一方で、サイバー脅威インテリジェンスで攻撃者は特定したとしても、その詳細情報をどこまで公開すべきかについて、次第にサイバーセキュリティ界の有識者の間で議論されるようになりました。それはなぜかというと、サイバー脅威インテリジェンスで攻撃元を特定する上での最大の成功要因は、攻撃者の犯す過ちにあるからです。繰り返しになりますが、見つかって罰せられたいと思う攻撃者はいません。攻撃者の身元を特定するには、攻撃者が本来隠したかったにもかかわらず、うっかり間違って残してしまった痕跡情報を丹念になおかつ素早く拾い集めなければなりません。腕の良い攻撃者であればあるほど、残した痕跡を消そうとするため、守る側の証拠集めは時間との勝負です。

それにもかかわらず、攻撃者が誰か、どのようにして攻撃者を特定したのかを詳らかにしてしまうと、攻撃者に守る側の検知能力について手の内をさらすことになってしまいます。そして、攻撃者はサイバー攻撃のやり方を改善し、次からはより巧妙に見つからないようにして被害者のネットワークへ侵入してくるでしょう。そうなれば、かえって守る側の首を絞めることになり、防御力を下げてしまうことになりかねません。これでは本末転倒です。本来、組織にとって最も大切なのは、どうやってサイバーセキュリティを確保し、自分たちのシステムを守るかを考え、実行することであるはずです。

攻撃者がサイバーセキュリティ上で犯す過ちが、どれだけ身元特定にとって大切かを示すエピソードがあります。違法薬物を扱う世界最大のダークウェブフォーラムだった「シルクロード」の運営者で、二年間に二億一三九〇万ドル（二三五億二九〇〇万円）もの売り上げを出していた米国人ロス・ウルブリヒト（当時二十九歳）が、二〇一三年に逮捕されました。ウルブリヒトは、一五年に有罪判決が出て仮釈放なしの終身刑を言い渡されています。

ウルブリヒトが逮捕されたのは、ダークウェブ立ち上げの際に本名を使うという、犯罪者にあるまじき致命的な間違いを犯したためでした。南部テキサス州出身のウルブリヒトは、スタートアップの街サンフランシスコで違法薬物を売買するためのダークウェブ立ち上げを企画しました。違法ビジネスを始める前の一一年、匿名のまま薬物を売買できるようにするための技術的な質問をするため、別の違法薬物のオンラインフォーラムに投稿する際、何と自分の本名を含むメールアドレスを使っていたのです。しかも、その投稿で使ったユーザー名とビジネスのオンライン宣伝に使ったユーザー名が同じでした。これが、司法当局者にとって大きな手がかりとなり、ウルブリヒトはサンフランシスコの図書館でノート型パソコンを使って「シルクロード」にログインし、誰かとオンラインチャットしている時に警察に踏み込まれ、逮捕されるに至ったのです。

警察がウルブリヒトを逮捕できたのは、彼が犯した本名を使うという過ちを発見して違法ビジネスの全容解明に活用し、しかもそのことを最後まで本人に気付かせなかったからでした。逆に言えば、攻撃者の名前や所属だけでなく、身元特定に至った分析の詳細について公表すれば、攻撃者は今後同じ過ちを犯さなくなり、守る側が攻撃者の尻尾を捕まえられなくなります。攻撃者の身元を公表することは、一般人のサイバーセキュリティへの関心を高めるのには役立ちますが、不用意に明らかにすれば、長期的には負の影響の方が大きくなってしまうかもしれません。

日本の脆弱なインテリジェンス体制

第一章から第二章にかけてインテリジェンスのプロである海外の情報機関によるサイバー攻撃の事例について幾つかご紹介しましたが、それに対抗する立場にある日本の情報機関やインテリジェンス体制についても考察してみたいと思います。

情報機関の役割とは、国の経済、外交、安全保障上の方向性を決める上で、政策・戦略決定の判断材料となるインテリジェンスを収集し、国の指導者たちに情勢を説明するだけでなく、得られたインテリジェンスを敵に盗まれないよう守ることです。しかし、図表4－6にあるように、日本の情報機関の規模と予算は欧米諸国に比べて圧倒的に小さいのです。

日本のインテリジェンス体制の不十分さ、それがもたらす外交・安全保障上の弊害については長らく識者から指摘されてきました。特に米国における二〇〇一年の同時多発テロ事件や一三年に日本人十人が犠牲になったアルジェリア人質事件、一五年のイスラム過激派組織

図表4-6　各国の情報機関の推定規模の比較

国名	情報機関の人数（人口）	情報機関の予算	国防予算に占める割合
米国	20万人（3億2700万人）	8兆円	12%
英国	1万6000人（6600万人）	3000億円（国防情報部の予算を含まず）	10%
フランス	1万3000人（6700万人）	1200億円	4%
イスラエル	6000人（900万人）	6000億円（国防情報部の予算を含まず）	10%
日本	5000人未満（1億2600万人）	1500億円未満（推定）	2〜3%

出典：一般社団法人・平和政策研究所、小谷賢「英国に学ぶ日本のインテリジェンス」より筆者作成（https://ippjapan.org/archives/2797）

ＩＳによる日本人二人の殺害事件など凄惨な事件が起きるたびに、日本のインテリジェンス能力強化のための議論が与党内や政府内で行われてきました。特にアルジェリア人質事件では、官邸に現地の情報が入らず、対応の遅れに繋がったとの反省があり、一三年の「我が国の安全保障に関する重要事項を審議する」ための国家安全保障会議の設立に繋がりました。しかし、以降、インテリジェンス能力強化に関する議論は盛り上がっていません。

欧米は戦争を前提とした軍事力を持ち、国の安全保障を守るために政府機関がインテリジェンス能力を磨き、専門の情報機関を備えてきました。戦争の回避のため、やむなく戦争に至った際に勝利するため、戦後の処理のため、さらに経済、外交、軍事のあらゆる選択肢においてどう行動すれば良いのか意思決定をするためにインテリジェンスを活用します。

戦後の日本と欧米とでは、そもそも安全保障の前提が異なる以上、日本の情報機関の規模が小さかったのはやむを得なかったかもしれません。ただ、海外の人々は必ずしも日本のそうした事情を理解しているとは限りません。実際、外国の軍人から「『憲法九条があるから仕方ない』と思うのは日本人だけだ。海外では日本よりずっと小国でもインテリジェンスに投資しているのに、世界第三位の経済大国である日本がなぜインテリジェンスに予算を割かないのか理解できない」と言われたことがあります。

アナログ時代とサイバー時代のスパイ活動は、規模とスピードが全く異なります。リアル世界だけでなく、サイバーの世界でもスパイが跋扈《ばっこ》し、外国の情報機関が日本政府だけでなく、日本の民間企業の大切な情報を盗むようになっているのです。サイバー攻撃の脅威が高まり、アナログ時代よりも多様なリスクに晒されている中、日本は今一度、企業や国民、国柄を守るためにインテリジェンスのあり方と予算について見直さなければいけない時期に来ているのではないでしょうか。

サイバー攻撃によるスパイ活動から日本を守るためには、ほとんどの国に整備されているスパイ防止法をどうするかという議論も不可欠です。前述のように米国には、安全保障上の情報を対象にしたスパイ防止法と産業スパイを対象にした法律の両方があり、罰則規定が存在します。しかし、日本にはどちらも存在しておらず、大切な情報を盗まれた場合の法的罰則による抑止力が弱いのです。日本が「スパイ天国」と揶揄《やゆ》される所以《ゆえん》です。無論、スパイ防止法があれば、それで済むという問題ではなく、犯人の身元を特定し、逮捕するだけのインテリジェンスの能力を備えていなければ法律は機能しません。

驚くなかれ、一九七〇年代後半に日本で活動していた旧ソ連KGBのスパイ、スタニスラフ・レフチェンコですら、「日本は外国スパイの侵入と政府の転覆計画から自国を守ろうとしない、自由世界で唯一の国」と自らの回顧録の中で呆れかえって評している始末です。これでは日本が「信頼の置ける自由世界の同盟国」になり得ないとして、日本にスパイ防止法を作るよう勧めています。海外の情報機関のスパイに指摘された弱点を、日本は四十年以上放置してきたのです。サイバー攻撃から日本を守るためにも、今一度、スパイ防止法の必要性について考えなければなりません。

英米の情報機関による人材育成

第二章でご紹介した中国、ロシア、北朝鮮だけでなく、欧米でも、インテリジェンス収集と海外の情報機関による情報収集から国を守るための防御のプロである情報機関がサイバー攻撃の攻防において大きな力を持ち、予算も人員も備えています。例えば、米国では国家安全保障局（NSA）、英国では政府通信本部（GCHQ）下の国家サイバーセキュリティ・センター（NCSC）です。NSAもGCHQも通信傍受と暗号解析を担当している情報機関であり、その業務の一環としてサイバー攻撃とサイバーセキュリティも担っています。

米英日の組織図はこちらをご覧下さい（図表4-7、4-8）。日本が米英に比べ、専門別の情報機関の数がかなり限られているのがお分かり頂けるかと思います。

図表4-7

米国情報機関の組織図

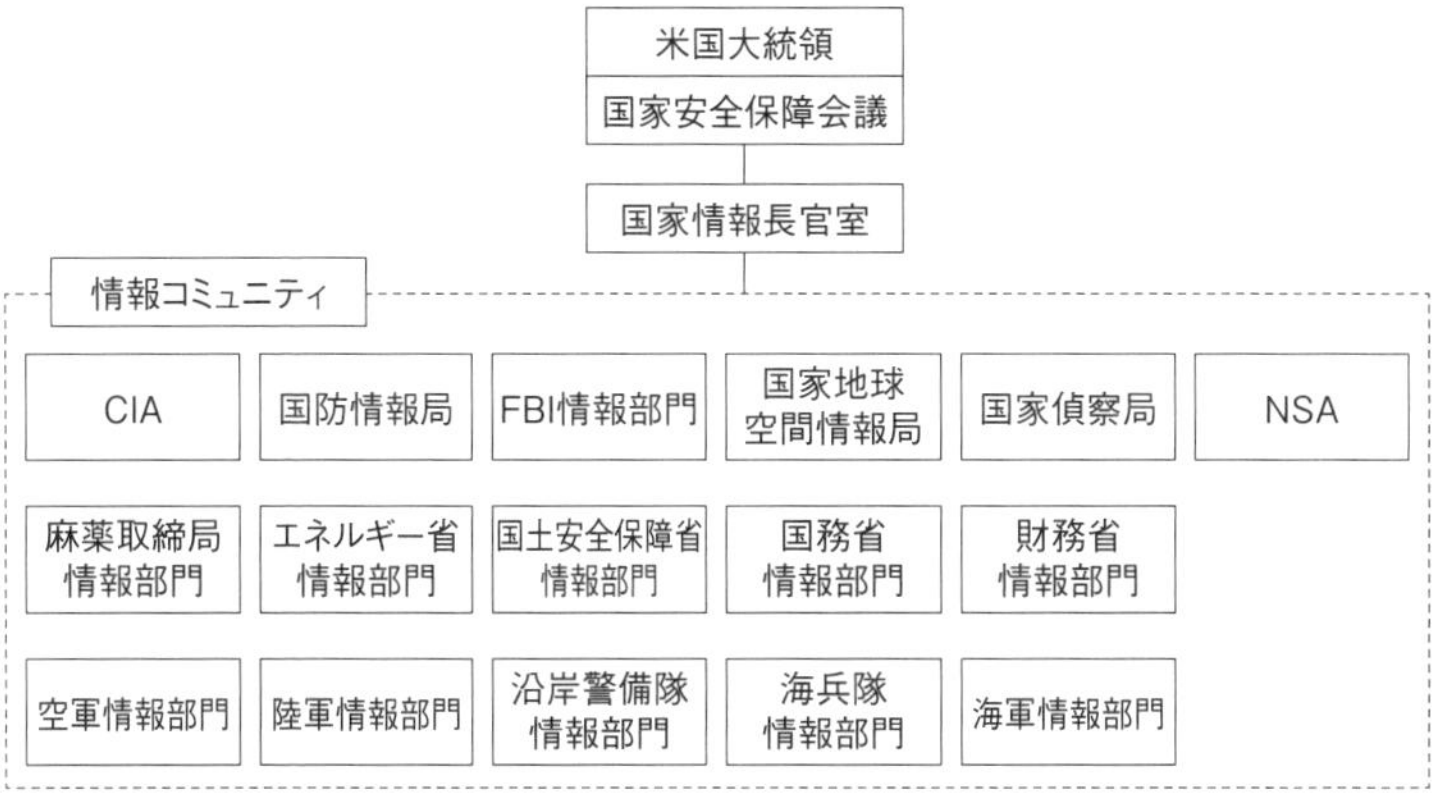

英国情報機関の組織図

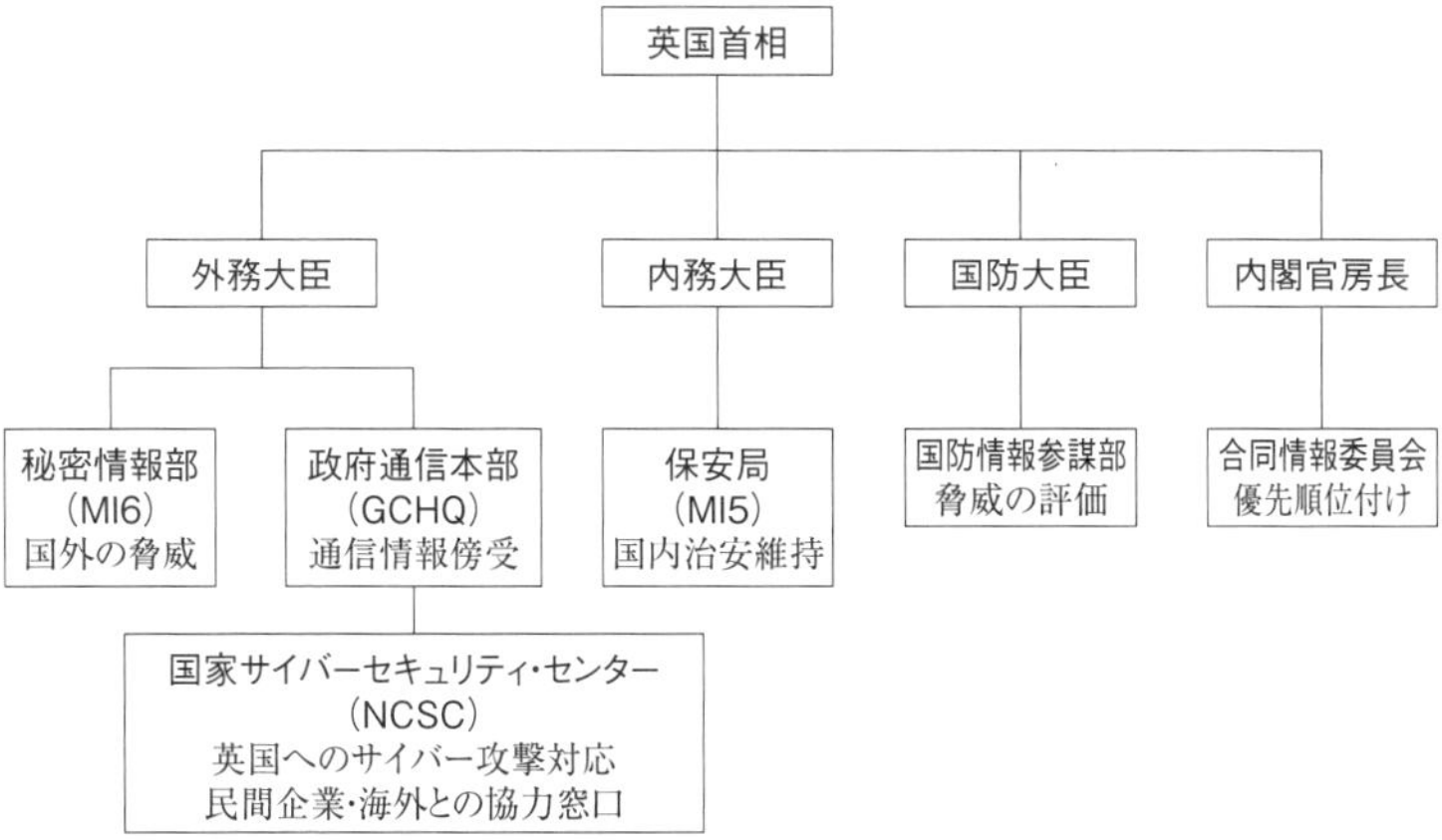

ところで、このＮＳＡとＧＣＨＱを未曾有のスキャンダルに巻き込んだのが、ＮＳＡで勤務していた元契約職員エドワード・スノーデンによる二〇一三年六月のリーク事件です。スノーデンがＮＳＡから持ち出した極秘情報を英ガーディアン紙など英米の主要紙へ大量にリークした結果、ＮＳＡとＧＣＨＱによる同盟国を含む海外政府へのサイバースパイ活動が大々的に報じられ、両機関は世界中から批判を浴びました。

それまで秘密のベールに包まれ、業務内容についてほとんど公表してこなかった二つの情報機関ですが、その後大きな変化を遂げ、理解を得るためにオープンな姿勢を取るようになりました。ＮＳＡ長官はスノーデンによるリーク直後の一三年六月から、米国やヨーロッパの一般公開された国際サイバーセキュリティ会議で度々基調講演をし、ＮＳＡの任務について自ら語っています。また、米サンフランシスコで毎年春に開かれる世界最大級のサイバーセキュリティ会議のＲＳＡカンファレンスでは、ＮＳＡはブースを設置し、職員が会議参加者に業務内容について説明するようになりました。一三年以前には考えられなかったことです。

一方、英国では、ＧＣＨＱの下に国家サイバーセキュリティ・センターが一六年に設立され、英国に対するサイバー攻撃への対応の他、民間企業や海外とのサイバーセキュリティ協力の窓口の役割を担うようになりました。機密性の高い情報機関の下にありながら、より開かれた存在になった訳です。ＧＣＨＱ出身のセンター長も、ＲＳＡカンファレンスなどの国際会議で英国のサイバーセキュリティ戦略や海外との連携などについて頻繁に講演していま

図表4-8　日本の情報機関の組織図

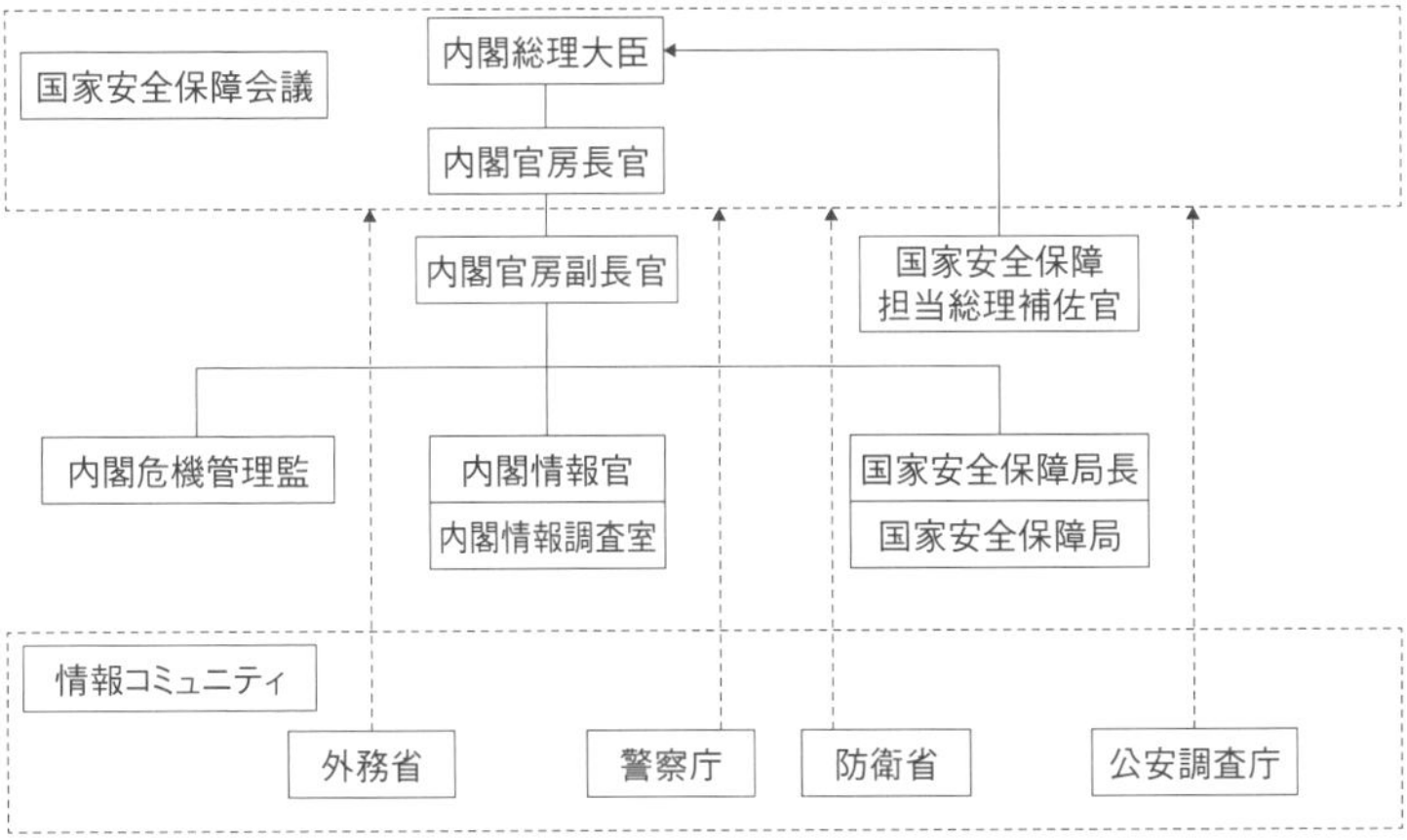

2018年4月のRSAカンファレンスでのNSAブース（筆者撮影）

す。

　またＧＣＨＱは一四年からサイバーセキュリティの修士課程を持っている英国の大学院に対する政府認定プログラムを開始し、世界中から優れた学生を集め、英国におけるサイバーセキュリティ人材の育成が進むよう支援するようになりました。現在、オックスフォード大学など十四校の修士プログラムが認定を受けています。その後プログラムは学部にも拡大され、現在は国家サイバーセキュリティ・センターが認定を担当しています。

　米国では、〇五年から重要インフラのサイバーセキュリティを担っている国土安全保障省とＮＳＡが国家学術中核センター・プログラムを始めました。一七年時点で、米国内にはボストン大学など二百以上の認定大学・大学院があり、学生は卒業後に重要インフラの防御や、政府や企業のサイバーセキュリティ業務に従事します。

　日本にも文部科学省、総務省、経済産業省などによるサイバーセキュリティ人材育成プログラムは存在します。しかし、英米や北朝鮮のように情報機関が人材育成に予算を出している訳ではありません。そのため、海外のように人材育成プログラムに参加することによって、若手がサイバーセキュリティだけでなく、情報機関の役割やインテリジェンスの重要性を知る機会はないということになります。

　サイバー脅威インテリジェンスを扱っている主な企業は米国、英国、イスラエルにあり、そこで働いている人々の多くは情報機関出身者であると前述しました。情報機関の予算で一般人に与えられる教育の機会の数を考えても、今後もサイバーセキュリティや情報機関にお

図表4-9　リスク分析実施状況の比較

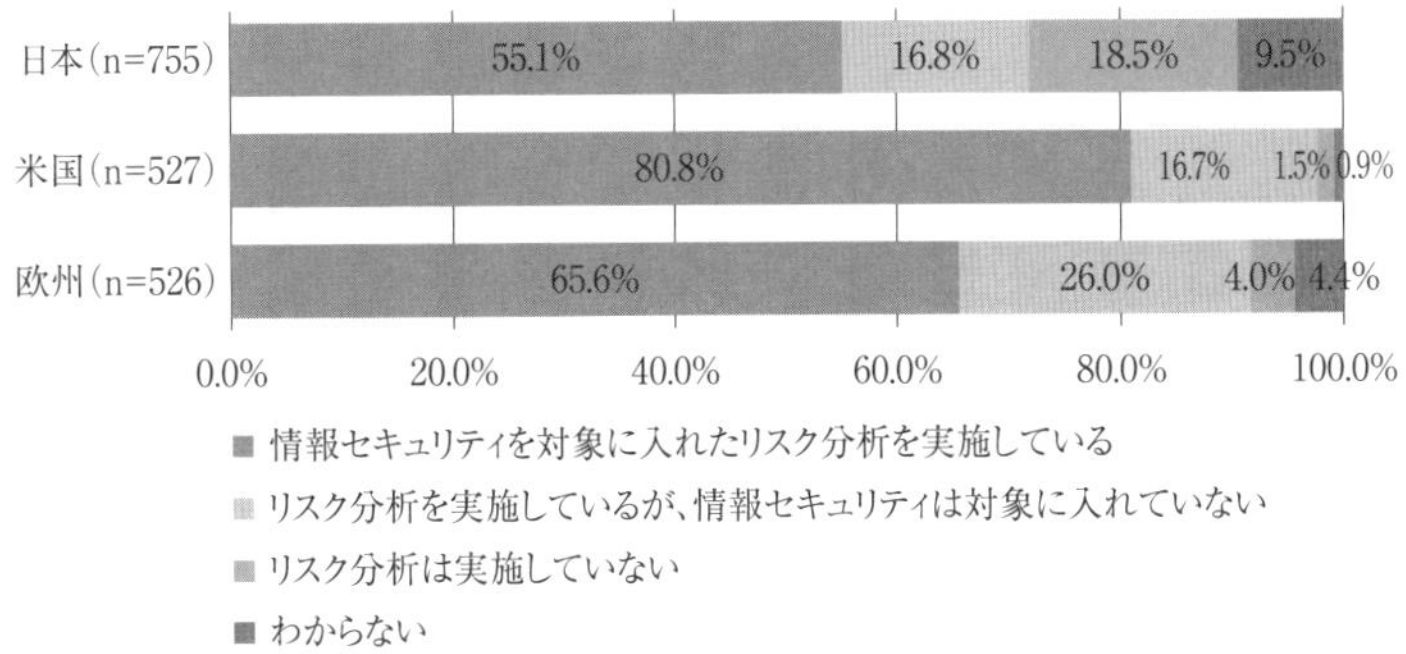

出典：IPA「企業のCISOやCSIRTに関する実態調査2017 －調査報告書－」、p.41
(https://www.ipa.go.jp/files/000058850.pdf)

けるキャリアに関心を持つ若者が生まれることでしょう。

諸外国に遅れをとる日本企業

今度は、政府機関ではなく、日本の一般企業におけるインテリジェンス体制を見てみましょう。残念ながら、日本の一般企業では、以下の三つの理由からサイバー脅威インテリジェンスの活用は欧米に比べ進んでいないのが現状です。

第一に、そもそも、サイバーセキュリティを含めたリスク評価を行う企業が欧米よりも圧倒的に少ないためです。図表4-9の「リスク分析実施状況の比較」の棒グラフで示したように、米国では八割以上の企業がサイバーリスクを含めたリスク分析を行っているのに対し、日本の割合はわずか五五%で、リスク分析自体、実施していない企業も二割弱あります。しかし、リスクを把握しなければ、対策の取りようがありません。そしてリスクを把握し、次の行動を決めるにはインテリジェンスが必要です。

第二に、日本の一般企業のサイバーセキュリティ予算はここ数年増えてきたとはいえ、まだまだサイバーセキュリティ製品への投資の方が多くなりがちです。サイバーセキュリティ製品をただ買って導入するだけではなく、いかに製品を活用して被害が出る前に防止するか、サイバー攻撃をいかに迅速かつ正確に検知するか、という製品の運用にも力を入れるようになったのはごく最近であり、サイバー脅威インテリジェンスのようなサービスにまで回す予算は少ないのが現状です。

第三に、日本のサイバーセキュリティ人材のほとんどがＩＴ企業やサイバーセキュリティ企業で働いていることです。第三章でご説明したように、日本の一般企業はこれまでの経緯からＩＴやサイバーセキュリティ関連の業務の多くをアウトソースする傾向にあります。一般企業のサイバーセキュリティのチームは少人数であり、サイバー脅威インテリジェンスを自ら収集し、あるいはサイバー脅威インテリジェンスサービスを買って、じっくり読み込み、日々の対策に活かせるだけの時間的余裕もスキルもないのが現状です。そのため、サイバー脅威インテリジェンスを活用する側の能力や体制に見合った情報の質と量を考慮する重要性を認識しつつも、なかなか使いこなすところまでいっていない企業もあります。

この三つの問題は、もう一つのより深刻な課題を生み出しました。それは、日本におけるサイバー脅威インテリジェンス人材の不足です。既に述べたように、サイバー脅威インテリ

図表4-10　国内情報セキュリティ市場規模の推移（億円）

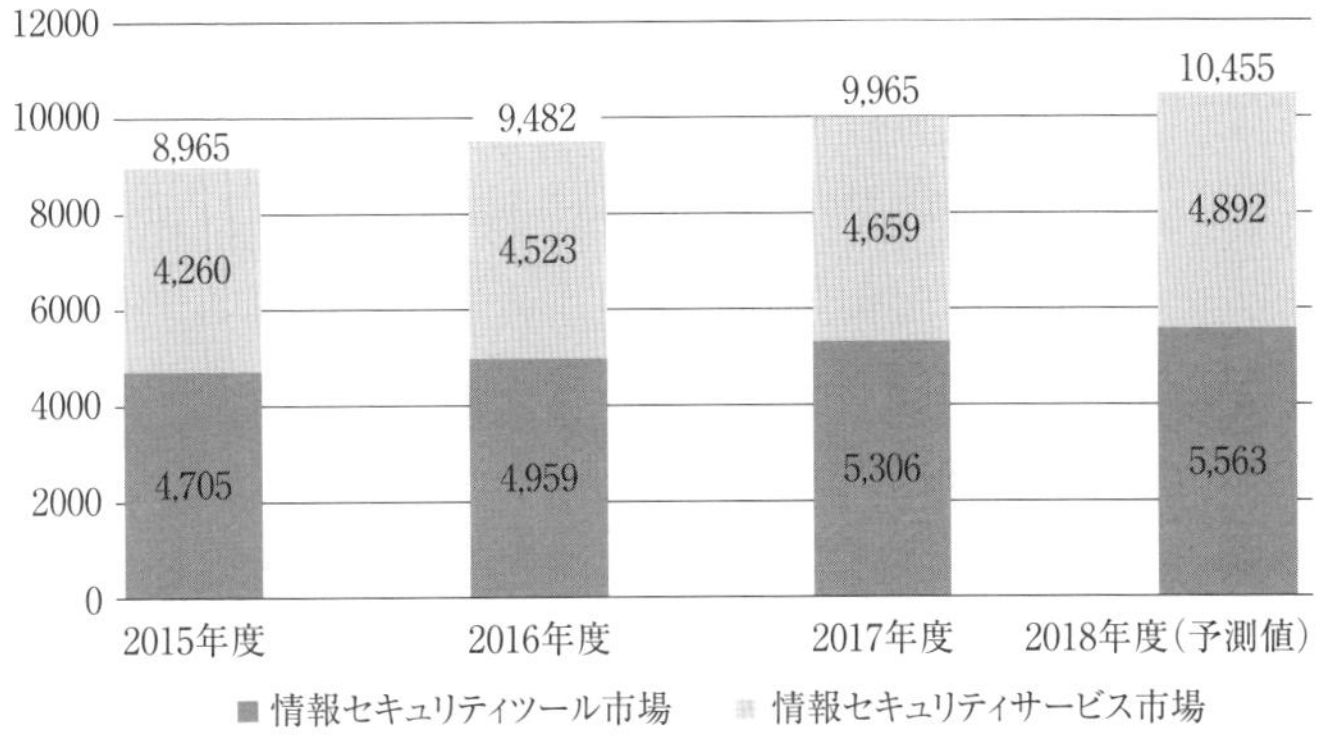

出典：NPO日本ネットワークセキュリティ協会（JNSA）「国内情報セキュリティ市場2017年度調査報告（速報値）」、p.11
（https://www.jnsa.org/result/2018/surv_mrk/data/2017_mrkreport_sokuhou.pdf）

図表4-11　2016年度の情報セキュリティサービス市場

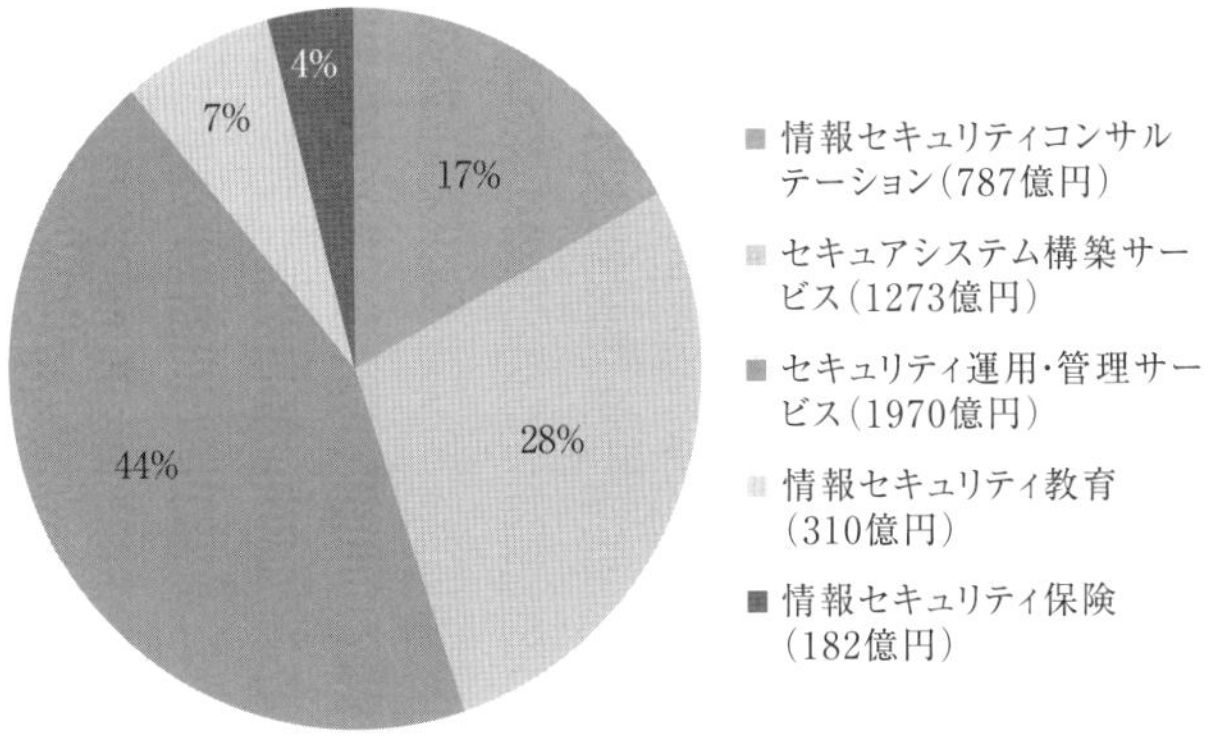

出典：NPO日本ネットワークセキュリティ協会（JNSA）「国内情報セキュリティ市場2017年度調査報告（速報値）」、p.19
（https://www.jnsa.org/result/2018/surv_mrk/data/2017_mrkreport_sokuhou.pdf）

ジェンスを扱っている主な企業は米国、英国、イスラエルにあります。それは取りも直さず、日本ではサイバー脅威インテリジェンスが産業としてほとんど育っていないことを意味します。産業が小さいということは、人材も少ないということです。

日本だけを標的にしたサイバー攻撃があった場合、その攻撃に関するサイバー脅威インテリジェンスを生み出すのは、今の状況では至難の業です。攻撃者に対し、法的対処（逮捕、起訴）、外交チャンネルを通じた対話・非難声明、経済制裁、軍事行動を取るためには、攻撃者の身元を特定しなければなりません。ところが、サイバー脅威インテリジェンスに投資せず、産業が育っていない日本において攻撃者の身元をそもそも特定できるのでしょうか。

また、日本を標的にしたサイバー攻撃を分析し、そのインテリジェンスを元にサイバーセキュリティ対策を進められる日本人の専門家がほとんどいないことは、我が国にとって大きな痛手です。鶏と卵の議論になりますが、日本企業がサイバー脅威インテリジェンスへの投資を増やさない限り、日本の事情に即したサイバー脅威インテリジェンスの専門家も育たないでしょう。

日本人専門家の育成

日本人のサイバー脅威インテリジェンスの専門家を育成し、雇用するキャリアパスを用意するのであれば、サイバーセキュリティ人材は理系でなければならないという固定観念を覆し、外国の言語や地政学、サイバー攻撃、ウイルス分析などに関する知識を持った人たちを活用しなければなりません。前述のように、米国や英国、イスラエルでサイバー脅威インテリジェンスをサービスとして提供している企業では、専門家のバックグラウンドは理系とは限らないのです。

欧米のそうした企業では、元軍人や元警察などセキュリティやインテリジェンスについて既に知見のある人を雇っています。米国の場合、サイバー脅威インテリジェンスのポジションに限らず、退役軍人を積極的にサイバーセキュリティ人材として登用しようとする動きがあります。国土安全保障省は退役軍人がサイバーセキュリティの仕事に就けるよう研修を提供しています。国防総省のある東海岸のバージニア州でも、州政府が「サイバー・バージニア」というプログラムを作り、大手ＩＴ企業やサイバーセキュリティ企業と協力して退役軍人向けの研修や雇用支援を進めています。

日本でも、政府でセキュリティやインテリジェンスの仕事に就いていた人が退職後、民間でサイバー脅威インテリジェンスの専門家になれるようにするための門戸を開くべきです。また、攻撃者の使う言語とサイバー攻撃の地政学的・文化的背景を読み解ける人材として、大学や大学院で国際関係や地域研究を専攻し、海外留学経験のある人を使うという選択肢もあるでしょう。日本人の海外留学者数は、二〇〇五年以降減少しているとは言え、ゼロではありません。外国語や他国の文化を深く理解している海外留学組に、サイバーセキュリティの基礎的な知識に関する研修を施し、サイバー脅威インテリジェンスの専門家として養成していく道を日本は模索すべきです。

まずは同業他社と情報共有を！

そうは言っても、日本でサイバー脅威インテリジェンスの産業と人材を育成するには時間がかかります。予算も急には増やせないでしょう。

そこでまず取り掛かるべきなのは、サイバー攻撃の潜在的なターゲットである一般企業が日々直面しているサイバー攻撃の脅威について情報共有し、助け合うことです。例えば、自社に送られてきた標的型攻撃メールやビジネスメール詐欺の件名や文面、攻撃者の使っているIPアドレスなどサイバー攻撃に関する情報をタイムリーに共有すれば、同業他社間で被害を最小化できます。攻撃者がウイルスの作成、攻撃ツールの使い方の研修、サイバー攻撃の実施など、それぞれの強みを活かし連携している以上、守る側もそれぞれの知恵と経験を持ち寄って対抗しなければなりません。

これはサイバー攻撃の事例ではありませんが、関係機関同士の情報共有の重要性を知らしめたのが、二〇一九年四月にスリランカで起きた連続爆破テロ事件です。インドの情報機関がスリランカへテロ情報を三度にわたって事前提供しており、テロを計画していたスリランカのイスラム過激派や容疑者の名前だけでなく、攻撃のターゲットとなるのが教会やホテルであることも伝えられていました。ところが、情報を受け取ったスリランカ政府は政権内の対立などが原因で、関係機関と情報共有せず、テロを防ぐことができなかったのです。

サイバーセキュリティの世界において、同業他社と共有できるサイバー攻撃情報は、スリランカのテロ事件のように今度どこが狙われるかを絞り込んだものではないかもしれません。それでも、攻撃者は防御が弱いところを狙ってサイバー攻撃を仕掛けてくることを考えると、同業他社が受けたのと同様のサイバー攻撃で自社が狙われる可能性は高く、情報共有で対策強化が期待できます。

業界別にサイバー脅威インテリジェンスを共有する枠組みは、ISAC《アイザック》（Information Sharing and Analysis Center）と呼ばれます。ISACは、基本的に、一日二十四時間態勢で脅威に関する警告やサイバー攻撃情報をメンバー企業内で共有する他、総会やテーマごとのワーキンググループ、ウェビナー（ウェブ上のセミナー）などを通じて他社とのネットワーク作り、信頼構築、学びの場を提供します。また、所管官庁とも協力し、国全体のサイバーセキュリティの強化に貢献しています。

日本でもISACの輪が広がっており、各業界のサイバーセキュリティを強化する上で喜ばしいことです。現在、金融、ICT（情報通信技術）に加え、二〇一六年に日本貿易会ISAC、一七年以降にも電力ISACと自動車業界のISAC、航空、鉄道、物流分野の企業による交通ISAC、中部ISACなど、複数のISACが誕生しています。金融ISACには二〇一九年十月現在、地方銀行を含め三百八十四行が正会員として参加しており、日本全体で情報共有への関心が高まっていることが窺えます。米国のISACは政府が指定した重要インフラセクターに限定されていますが、日本では、重要インフラに指定されていない貿易や製造業も自主的にＩＳＡＣを作っているのが特徴です。また、メディカルＩＴセキュリティフォーラムは、ＩＳＡＣの名称は付いていませんが、医療機関や医療機関を顧客とする企業間での情報共有を進めています。

情報共有の上でネックになるのは、タダ乗りの横行です。「情報は受け取りたいが、自分からは情報を出したくない」と全メンバーが思ってしまえば、何も情報が出てこなくなり、情報共有の枠組みは破綻してしまいます。

情報を共有する上で一番大切なのは信頼関係であり、それを築くには時間がかかります。ＩＴの発達した現在だからこそ、愚直に対面式のミーティングを重ねて信頼関係を構築することが大事ですし、ビールを片手にざっくばらんに語り合う懇親会で人間関係を深化させる手法は、日本に限らず、世界のあちこちで重視されています。担当者が二、三年でコロコロ替わると人間関係の構築がまたゼロからのスタートになるため、信頼構築の上であまり望ましくありません。また、被害者が誰かという情報は明らかにせず、匿名化した情報を共有することも、企業が安心して情報共有の枠組みに参加する上で欠かせません。

その他にも情報共有をスムーズに進める上で幾つか条件が満たされていなければなりません。第一に、同業他社間で情報を共有することに対して、反トラスト法などの法律による罰則を受けることのないよう、法的な整備がなされることです。

第二に、共有する際のフォーマットが統一されていることです。ワードやエクセル、ＰＤ

Fが飛び交っていては、受け取った情報を一つのフォーマットにまとめて自社で使えるようにするだけでも大変な手間となります。少しでも迅速な脅威への対応が求められる中、時間のロスは致命的です。これはサイバーセキュリティに限らず、どの分野においても言えることです。東日本大震災の後、どこに何の物資が足りていないのかの情報共有が難しかったのは、フォーマットがバラバラだったためと言われています。

第三に、情報を共有する上でのコストを低くし、効率化することです。究極的には情報共有を自動化することが必要であり、実際、その動きは既に始まっています。

第四に、共有する情報が正確であることです。いくら迅速に情報が共有されても、その情報が間違っていては、現場が混乱し、かえってサイバーセキュリティが低下してしまいます。とは言え、これは諸刃の剣であり、「間違った情報を他社にお渡しして迷惑をかけてはいけない」と思うあまり、情報提供が遅れてしまうことも多々見られるので、悩ましいところです。

最後に、こうした同業他社間の情報共有の重要性について各社の経営層が理解し、支援することが不可欠です。残念ながら競合他社を助けるような情報を渡すことや、直接、自社の売り上げに繋がらない活動に理解を示さない人々もいます。しかしながら、守る側の企業では、ただでさえ、予算手続きや社内決裁など規則に縛られ、サイバーセキュリティ対策を迅速に取ろうにも、足かせが多くあります。規則を無視し、国境をまたいで柔軟に役割分担してサイバー攻撃を仕掛けてくる攻撃者たちと対極にあるのです。

同業他社間においても一致団結し、情報共有するという地味な、しかし大切な戦いなくして、サイバー攻撃に打ち勝つことはできません。経営層の支援を切に願う次第です。

北朝鮮や中国、ロシアなど海外の情報機関を含む攻撃者からサイバー攻撃が続いている中、日本のインテリジェンス体制も情報機関の体制も整っていないのが現状です。欧米でも今まで秘密主義だった情報機関が一般人のサイバーセキュリティ教育や国際カンファレンスでの情報共有にも一肌脱ぐようになるなど、世界的に情報機関とインテリジェンスの果たす役割が変わってきています。インテリジェンスと日本をとりまく脅威環境が変化している以上、日本が自らを守り、リスクへ適切に対応できるようにするためには今一度、情報機関のあり方やスパイ防止法について検討し直す時期に来ています。

同時に、日本の個々の組織は、サイバー脅威インテリジェンスを活用したサイバーセキュリティ強化が急務です。日本企業がサイバー脅威インテリジェンスに予算を割かない限り、日本だけを対象にしたサイバー攻撃についてサイバー脅威インテリジェンスが入手できるとは限らず、日本の人材も育ちません。

第五章　サイバー攻撃リスクの見える化と多層防御

第五章では、今後日本の企業がサイバーセキュリティ対策にどのように取り組んでいけば良いのかについて検討します。対策を進める上で欠かせない経営層の理解を得るためには、サイバー攻撃のリスクが今どれくらいあるのかを示せないといけません。この作業は、会社の同僚たちからの支援を得る上でも不可欠です。サイバー攻撃のリスクについてどう見える化し、経営層に説明して必要な予算を取れば良いのか、成功事例をご紹介しましょう。

その上で、第一章と第二章でご紹介したようなサイバー攻撃と攻撃者から企業を守るために必要な「多層防御」について説明します。第三章のサイバーセキュリティ人材や第四章のサイバー脅威インテリジェンスとどう連携すれば良いのかにも触れます。最後に、日本のサイバーセキュリティの歴史を振り返り、今後、日本が取り組むべき課題について考察します。

経営層に分かりやすくリスクを説明するコツ

必ずしもＩＴやサイバーセキュリティに詳しくない経営層は、サイバー攻撃のリスクを捉えるためにリスト化やストーリー化、図式化、数値化を好みます。経営層に分かりやすいストーリーを組み立てる上で役立つのが、第四章で触れたように、攻撃者や攻撃手法、被害、被害者の業種について手がかりを与えてくれるサイバー脅威インテリジェンスのサービスです。

ここでは、経営層とサイバーセキュリティの担当チームとの間でコミュニケーションが円滑に進んでいる二つの企業についてご紹介します。仮にA社とB社と呼ぶことにしましょう。

一つ目のA社の場合、リスク委員会を立ち上げ、最高情報責任者（ＣＩＯ）、最高リスク管理責任者（ＣＲＯ）、最高情報セキュリティ責任者（ＣＩＳＯ）、法務部トップ、人事部トップ、各事業部トップ、データサイエンティストが毎月集まって、自社の十大ビジネスリスクを洗い出しています。それぞれのリスクの現状と対応策の選択肢をレポートにまとめ、経営層に提出・説明します。

同業他社がサイバー攻撃によって被害を受けたという報道があると、ＣＩＳＯは「同様のサイバー攻撃が自社に対して発生した場合、今のサイバーセキュリティ体制で大丈夫なのか？　どんな被害が自社に起こり得るのか？　そのリスクを下げるとしたら、どういうサイバーセキュリティ対策を新たに取る必要があり、どれくらいの予算が必要なのか？」という視点で情報収集します。情報を集める際、サイバーセキュリティ企業が提供しているサイバー脅威インテリジェンスのサービスを活用します。そして、リスク委員会を通じて経営層に報告するのです。

経営層はビジネスリスクのリストに毎月、目を通し、報告を委員会から受けることで、どのビジネスリスクが存在し続けているのか、新たに出てきたビジネスリスクは何かを把握し、リスク対策の予算の割り当てを含め、事業戦略を決定します。

ただし、この十大ビジネスリスクのリストには、場合によって、サイバー攻撃のリスクが十一番目、十二番目になって入らないこともあり得ます。また、今回のリストから漏れたサイバー攻撃のリスクでも、前月までかなりの高リスクだったものであれば、経営層に対してなぜリスクを下げられたのか、リスクが下がったのか説明が必要です。そこで使えるのが、次にご紹介するヒートマップというリスクの大きさを色で視覚化する手法です。

ヒートマップでリスクを見える化

二つ目のB社の場合、CISOは直属の上司であるCEOに毎月一対一でサイバー攻撃リスクとその対策に関するブリーフィングを行なう際、数字の大きさを色で視覚化するヒートマップを活用しています。リスクの発生可能性と影響度を縦軸と横軸にとり、レベル分けさ

図表5-1　リスクのヒートマップ

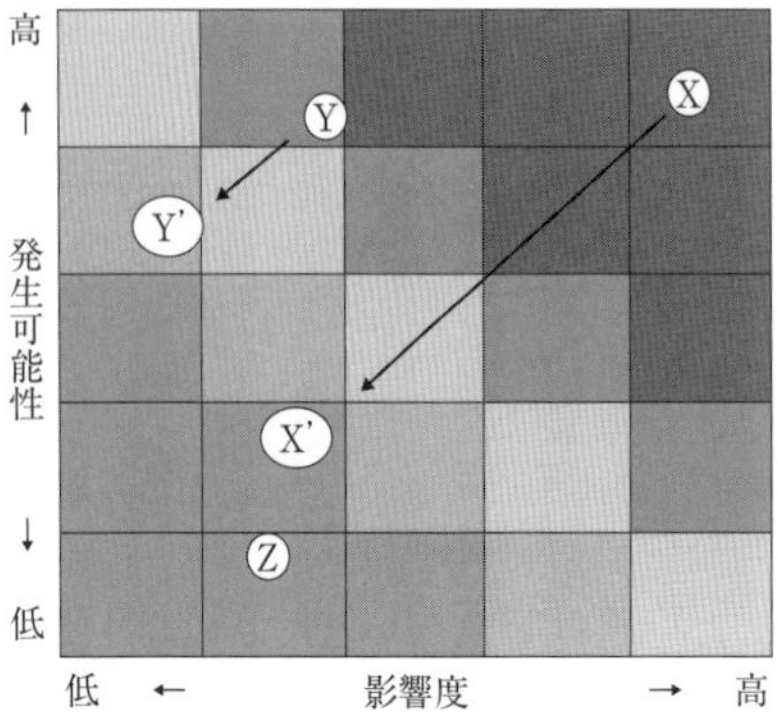

ヒートマップでリスクを視覚化

ポイント①：リスクは大中小でCEOに説明。
ポイント②：予めCEOとCISOの間で、受容可能なリスクのレベルがどこにあるのか合意しておく。

リスクXは高レベルのリスクであるため、X'に下げることが必要。そのためのサイバーセキュリティ対策にどれくらいの時間と予算が必要か?

リスクYは中レベルのリスクであるため、Xほど対策に予算はかからないはず。

リスクZは既に受け入れ可能なレベルのリスクなので、現時点で追加のサイバーセキュリティ対策は必要ない。

れているため、サイバーセキュリティに詳しくない経営層でもリスクを視覚的に捉えやすくなるという利点があるのです。

　ブリーフィングでＣＩＳＯが取り上げるリスクは、前回ＣＥＯに説明した高リスクなサイバー攻撃と、ここ一カ月以内に急に蔓延するようになった新しいサイバー攻撃です。同業他社がサイバー攻撃で被害を受けたとの報道があると、経営層は「自社の対策は大丈夫なのか」と心配しているため、その攻撃と対策についても説明します。

　例えば、「同業他社が先週、ランサムウェアに感染し、世界的に数万台のコンピュータが使えなくなり、工場の運用も一部停止した」というニュースをB社のＣＩＳＯが知ったとしましょう。ＣＩＳＯは、「このランサムウェアがサイバー攻撃で狙うソフトウェアの脆弱性は何か？　その脆弱性対策は自社でできているか？　できていなかった場合、放置したらどれくらいの被害が自社に及びそうなのか？」をまず調べます。

この情報収集の際に参考情報として役立つのが、やはりサイバー脅威インテリジェンスです。

このランサムウェアでB社も被害を受けるリスクが現時点でXだったとしましょう。図表5‐1で示すとおり、これは相当高いリスクです。そのリスクを経営層として受容可能なレベルのX'にまで下げるためには、「脆弱性対策にどれくらいの予算と時間がかかりそうか？脆弱性対策をすぐに簡単には取れない特殊な場所（下手に止めるとかえって復旧が大変な工場など）はどこか？ そうした特殊な場所も守れるようにするためのセグメンテーション対策は取れているか？ セグメンテーション対策を追加するにはどれくらいの予算と時間がかかりそうか？」をＣＩＳＯは調べなければなりません。セグメンテーションについては後述します。

しかし、現在のリスクが図のYだったらどうでしょうか。ＣＥＯとして受け入れられるレベルのリスクではありませんが、それでもXに比べれば、リスクを減らすためのサイバーセキュリティ対策を取る優先順位は低くなるはずです。

また、既にB社では脆弱性対策が取られていて、現在のリスクがZだった場合は、どうでしょう。その場合は、ＣＩＳＯは「同業他社のC社では脆弱性対策が取られていなかったため、ランサムウェアで被害が出ましたが、我が社の場合は脆弱性対策が既に取られていましたので、追加の対策は現時点では必要ないものと考えます。ただし、また別の新たなランサムウェアを使った攻撃や別の種類のサイバー攻撃が世界で発生した場合には、またご報告、ご相談させて下さい」という報告をＣＥＯにすることになるでしょう。

こうしたヒートマップを使ったブリーフィングでの留意点は、万人に使える財務リスクの計算法が一般企業レベルで確立されている訳ではないということです。B社のCISOは、今までの経験値で財務リスクを大中小でCEOに説明しているとのことでした。リスクの高さは「七十四点から三十二点に下がった」というように細かく示せるものではなく、ウイルス感染による被害の拡大を一刻も早く防ぐことの方が大事だからです。

また、このCISOの場合、CEOとのミーティング頻度は月一でしたが、定例の打ち合わせ以外にも、廊下でばったり会った時には、最近のサイバー脅威の動向や会社の置かれているリスクの現状について耳打ちし、CEOのリスク理解を深める努力をしています。

その他にも、二週間に一度、CEOと一対一でリスクについての打ち合わせをしているというCISOもいました。リスクは動的ですので、それぞれの企業の置かれている状況に応じたこまめなヒートマップの見直しと経営層との会話が必要になります。

CEOとの会話の頻度はさて置き、ここで大切なのは、どこまでリスクが許容できるのかの度合いについてCISOとCEOとの間で合意を取っておくことです。無尽蔵にサイバーセキュリティに予算を費やすことは不可能です。リスクの発生可能性がゼロになる（ゼロリスク）ことはないという事実を経営層が理解していないと、リスクが低いサイバー攻撃への対策にも現場のスタッフが駆り出されることになり、疲弊します。

A社とB社の二つの例を挙げましたが、A社のように、各事業部とサイバーセキュリティやIT、法務、人事を担当する取締役が毎月集まって、トップ十のビジネスリスクを洗い出すことは、限られた予算の配分を考える上で有効です。しかし、これだけでは、台風などの災害や為替リスクなどあらゆるビジネスリスクが俎上に載せられるため、サイバーセキュリティのリスクがリストに上がらず、経営層には届かないかもしれません。だからこそ、B社のCISOの手法を組み合わせ、ヒートマップで今リスクが高中下のどこにあるのかを見える化し、受容できないほど高いサイバーリスクを下げるにはどれくらい予算が必要なのか、CEOに直接説明することが大切なのです。

サイバー攻撃を自宅に侵入する泥棒に例えてみる

さて、サイバーリスクの全体像を経営層に何となく把握してもらえても、そもそもサイバー攻撃のイメージをつかんでもらえない場合もあるかもしれません。経営層がサイバー攻撃の技術的な詳細について知る必要はありませんが、サイバー攻撃がなぜ被害をもたらしたのか、どうして新たなサイバーセキュリティ対策を追加するのかについては分かってもらわないと予算がつきません。そうした際は、攻撃者が社内のITネットワーク内に侵入した後の動きを自宅に侵入する泥棒に例え、さらに嚙み砕いてCISOが経営層に説明すると良いでしょう。

「サイバー攻撃で情報を盗もうとする攻撃者」＝「家から貴重品を盗もうとする泥棒」となぞらえ、多層防御のサイバーセキュリティ対策は、何重にも講じた家の防犯対策に置き換えて、経営層と一緒に考えてみるのです。

まずは、泥棒の視点で侵入方法を考えてみましょう。「Aさんの家に高価な宝飾類がたくさんあるらしい」と知った泥棒は、Aさん宅への侵入方法を考えます。泥棒の最終目標は、標的のAさんや警察に気付かれずに貴重品をなるべく多く盗み、なおかつ無事に帰還することです。それを成功させるには、どこに貴重品があるのか（標的の調査・選別）、標的がどんな貴重品を持っているのか（盗む物の調査・選別）、標的がどのような安全策をとっているのか（標的の隙の調査）、どのようにして盗むのか（盗みの手段の調査・選別）を可能な限り事前に調べようとします。

侵入の仕方は大別して二つあり、壊れた鍵や開いた窓など家の守りの脆弱なところから侵入するか、相手が信用している人（運送会社や警察官など）を装って相手を騙し、入れてもらうしかありません。前者がITシステムの脆弱性を突いたサイバー攻撃、後者が知人を装ってウイルスを添付したメールを送ってくる標的型メール攻撃に該当します。

でも、内部犯行ならいざ知らず、外部から調べただけでは標的の全体像は分かりません。事前につかめる情報は、標的の家の住所やマンションの部屋番号など、中に入らなくても得られる範囲に限られるはずです。ところが、第一章でご紹介したウクライナの停電事例のように、社内で使っているシステムの種類をオンラインで公開していると、攻撃者により多くの侵入のヒントを与えてしまうことになります。守る側は、外に出す情報の範囲に十分注意しなければなりません。

泥棒はいったん標的の家への侵入に成功すると、あちこち部屋をぐるぐる回りながら、貴重品の在処《ありか》を探し求め、より多くを盗もうとします。

家に侵入して貴重品を盗もうとする泥棒の動きを、今度はサイバー攻撃者の観点から一つ一つもう一度洗い出してみましょう。まず、攻撃者は、どこの企業（家）を標的にするのか、その標的からどんな情報（貴重品）を盗めそうか考えます。次に、標的にどうやって侵入するか決めるために、脆弱なITシステムを使っていないか（脆弱性を突いたサイバー攻撃）、それとも標的が信頼している人に偽装して入り込んだ方が良いか（標的型メール攻撃）について検討します。

標的型メール攻撃にすると決めたら、どういう送信元と文面を装ったメールなら添付ファイルを開いてもらえそうかも研究しなければなりません。また、メールに添付するウイルスを何にするかも選ぶ必要があります。既に世界に出回っているウイルスを使えば手っ取り早いのですが、アンチウイルスソフトに検知される可能性が高いという欠点があります。アンチウイルスソフトに見つからないようにするには、手間をかけてでも自力で新しいウイルスを作るか、ダークウェブで調達する必要があります。

企業の中に侵入しようとするだけでも、ITシステムの脆弱性、ウイルス、メール文面の考案（外国人の攻撃者ならば、外国語や標的にする企業の使っているビジネス用語も知っておく必要あり）など、幾つもの分野に跨る知識が求められます。しかし攻撃者一人で、全部の知識を持つことは困難です。だからこそ、ダークウェブのように、アンダーグラウンドの世界で攻撃者同士が連携し、攻撃手法やツールの共有や研修制度までが整えられているのです。

さて、攻撃者が標的の会社のＩＴネットワークに侵入できたとしましょう。中に入り込む前に「よし、この会社の最新の製造技術情報や設計図、販売計画を盗んでやるぞ」と、ある程度、窃取したい情報に目星はつけているはずです。しかし、具体的にそれぞれの情報が社内のサーバーにあるのか、それともデータセンターの中にあるのか、クラウドに入れているのか、どのフォルダの中に何というファイル名で保存されているのかまでは、攻撃者は内部犯行でない限り把握していません。

そのため、次に攻撃者は、標的の会社のＩＴネットワーク内を徘徊し始めます。侵入したコンピュータやサーバーで必要な情報に関するキーワード検索を行い、「ふむふむ、この企業はこの種類の情報をこのように分類するのか」とさらに情報を集めるのです。そして、新たな手がかりを元に、欲しい情報が格納されていそうなサーバーに入り込みます。

次に攻撃者にとって問題になるのは、機密情報（一般公開されている情報ならば、わざわざサイバー攻撃を仕掛けて盗む必要なし）にアクセスするには、標的の企業における高いアクセス権限が必要になることです。そのため、第一章のカナダのノーテルの事例で説明したように、攻撃者は、社長や取締役などたくさんの機密情報にアクセスできる権限を持ったユーザーのアカウントを乗っ取ることで、より多くの機密情報を盗もうとします。

ここで、攻撃者は盗みたい情報を見つけたとしましょう。次に攻撃者が踏むステップは、標的のＩＴネットワークの外に盗んだ情報を持ち出すことです。えっさえっさと攻撃者は盗んだ情報を自分のサーバーに送ります。つまり、本来であれば外部に送られるべきではない情報が、受け取るべきではないサーバーのＩＰアドレスに向かって不正に送信されることを意味します。

「このサイバー攻撃では中国のＩＰアドレスが使われていた」という新聞報道が出ることがありますが、それは攻撃者が盗んだ情報を得るために使っていたサーバーのＩＰアドレスを指しています。ただし、悪賢い攻撃者であれば、幾つものサーバーを経由してサイバー攻撃を仕掛け、わざと一部のＩＰアドレスだけを偽装の手がかりとして残し、残りのＩＰアドレスの痕跡を消すことも可能です。被害を受けた組織や政府が、見つかったＩＰアドレスだけを手掛かりに「このＩＰアドレスはX国のものだから、サイバー攻撃の攻撃元はX国だ」と断定することはできません。だからこそ、第四章で説明したように攻撃の手法やタイミング、地政学的な状況など幾つもの要素を加味したサイバー脅威インテリジェンスが必要なのです。

巧妙なサイバー攻撃に備える多層防御

サイバー攻撃における攻撃者の動きが分かったところで、次に守る側の取るべきサイバーセキュリティ対策をステップごとに見ていきたいと思います。幾重にも堀や城壁に囲まれて敵からの襲撃に備えている城砦のように、多層的にサイバーセキュリティ対策を施すことで組織のＩＴネットワークや情報を守ります。

サイバーセキュリティ対策の第一歩は、繰り返しになりますが、攻撃者に余計な侵入の手がかりを与えないようにすることです。社内でどのようなITシステムやソフトウェアのバージョンを使っているかといった不必要な情報は公開しないようにしなければなりません。

第二のサイバーセキュリティ対策は、攻撃者の侵入を阻止することです。ITシステムに脆弱な箇所があれば修正します。読者の皆さんがお使いのパソコンやスマートフォンでも、OSの更新を求めるメッセージが頻繁に表示されるはずです。これは、ITシステムの脆弱性をついたサイバー攻撃を防ぐためです。また、インターネットに繋がっている箇所に侵入検知システムを入れることで、攻撃者の侵入に気付けるようになります。

しかし、侵入を全て阻止することは残念ながらできません。攻撃者による侵入を見越した第三のサイバーセキュリティ対策が求められます。勝手に家の中を徘徊された上に根こそぎ盗まれるという最悪の事態を防ぐためには、貴重品を細かく分けて金庫に納めて鍵をかけることが必要です。このサイバーセキュリティの考え方を「セグメンテーション（区画分け）」と呼びます。「セグメンテーション」とは、英語で区画を意味する「セグメント」から来た用語で、社内のITネットワークをファイアウォールなどで分割し、情報を根こそぎ盗まれ、ウイルス感染が一気に社内中に広がるリスクを減らす手法です。金庫に入れた宝石をどう守るかを例に考えてみましょう。

A社が宝石を百個持っていたとします。もしこの宝石全部を一カ所にまとめて置いており、なおかつ鍵をかけた金庫に入れていなければ、泥棒が簡単に宝石を全部盗んでしまいます。

でも、リスクを減らすために十個のしっかりとした金庫に宝石を十個ずつ納め、なおかつそれぞれ別の鍵をかけたらどうでしょう。たとえ一つの箱はこじ開けられたとしても、盗まれる宝石の数は十個で済みます。

二〇一七年五～六月、日本でもランサムウェア感染により、大企業のメールシステムの停止や工場の運用の一時停止という被害が出ました。こうした被害の大々的な拡大を防げるのもセグメンテーションの利点です。

また、第三の対策の一部として、社員が信用している人を偽装して入ってこようとする標的型メール攻撃の被害を想定したサイバーセキュリティ対策も必要です。警察（サイバーセキュリティ企業）が発信する指名手配の写真（ウイルスの技術的な特徴に関する情報）を把握しておくことで、防犯が可能になります。これは、アンチウイルスソフトの導入に該当します。アンチウイルスソフトを作っている会社は、毎日世界中で起きている膨大なサイバー攻撃に使われたウイルスの情報を集め、アンチウイルスソフトの中にある指名手配リストを日々更新しています。だからこそ、このソフトを使うことで、ウイルス感染のリスクが減るのです。

サイバー攻撃の複雑化に合わせ、アンチウイルスソフトもどんどん進化しています。泥棒（攻撃者）が家（コンピュータやサーバー）に入ってきて、不自然な振る舞い（住んでいる人ならあり得ないような、慌ただしいタンスの開け閉めなど）をしたら検知するという機能を持った製品も出ています。ただし、社員の何気ない振る舞いを「サイバー攻撃」とうっかり誤検知してしまうこともあるため、第三章で述べたことの繰り返しになりますが、サイバーセキュリティ製品のこまめな調整作業が必要です。

そこまで手を尽くしても、どうしても家から貴重品を持ち出されてしまうことは起こり得ます。第四のサイバーセキュリティ対策は、貴重品（機密情報）が外部に持ち出されようとすると警告メッセージを出すサイバーセキュリティソリューションを使うことです。このソリューションは、大事なダイヤモンドに仕掛けをしておいて、泥棒に盗まれそうになると警報が鳴る仕組みのようなものと考えて下さい。

それでもなお、しぶとく情報を持ち出す攻撃者を想定し、第五のサイバーセキュリティ対策として、大事なデータの暗号化もお勧めです。また、サイバー攻撃の被害が発覚した後に、被害規模の把握と再発防止ができるようにするためにサイバーセキュリティ製品が記録したログを取っておくことも求められます。

さらに、サイバー脅威インテリジェンスは、多層防御のあらゆる場面で重要な役割を果たします。サイバーセキュリティ製品が常に最新の攻撃事情を反映し続けるためにも、被害にあった後、盗まれた情報がダークウェブで売られていないかどうか確かめるためにも必要なのです。

このように、サイバーセキュリティでは、幾重にも「多層防御」することで、サイバー攻撃から組織を守ります。家の防犯対策と同様、残念ながら一つ一つの対策に完璧なものはありません。だからこそ、図表５‐２の対照表にあるように複数の対策を組み合わせ、サイバー攻撃に対抗するしかありません。

図表5-2　家の防犯対策とサイバーセキュリティ対策の対照表

家の防犯	サイバーセキュリティ対策
・外に面したドアや窓を閉める	・IT システムの脆弱性修正 ・不必要なポート（データが出入りするためのドアのようなもの）を閉める
・家の周りに塀を建てる ・塀を高くする ・生活窓に目隠しを付ける	・ファイアウォールの導入 ・ファイアウォールの設定強化
・番犬・侵入検知警報システム	・侵入検知システム ・アンチウイルスソフト ・振る舞い検知
・シャッター	・侵入防止システム
・家の部屋の鍵を閉める ・金庫に貴重品を小分けにする	・セグメンテーション（ファイアウォール、ルーター）
・監視カメラ	・ログ（記録）の収集・保存
・貴重品が盗まれそうになると鳴る警報装置	・データ漏洩防止ソリューション
・近所の犯罪についての情報収集 ・指名手配犯の写真の確認	・同業種、国別のサイバー攻撃の傾向に関するサイバー脅威インテリジェンス

対策効率化のためAIの活用を

新たな攻撃手法が次々に生まれる中、サイバーセキュリティ対策もどんどん増えていきます。これでは、ただでさえ忙しいサイバーセキュリティ担当者の負担が大きくなるばかりです。だからこそ大切になるのが、AIを活用し、業務の一部を自動化することです。第三章でご紹介したように、日本の一般企業ではサイバーセキュリティ人材が不足しています。そのような中、効率的・効果的にサイバーセキュリティ対策を進めるには、AIやその一分野である機械学習（マシーンラーニング）等を活用し、対策のための作業を少しでも自動化しなければなりません。

AIとは、事前にプログラミングしていなくても、人間が「賢い」と思うような方法で仕事を実行してくれるものです。例えば、グーグル傘下のディープマインドが開発した「アルファ碁」という囲碁AIは、二〇一六年に韓国の李世乭《イセドル》九段と試合をし、勝利を収めました。「アルファ碁」は次の手以降の可能性全てについて力業で計算するのではなく、次の手の評価アルゴリズムを学習によって強化します。そのため、全ての可能性を読まなくても、より良い手を指すことができるのです。

AIの一分野である機械学習は、大量に与えられたデータからパターンを見つけます。そして、既に持っている情報と比較してその新しいデータを分類できるように学習する能力を有しています。米アップル製のスマートフォン、アイフォーンに搭載されている音声アシスタントのＳｉｒｉなど、機械学習は私たちの日常生活に既に取り入れられています。

また、サイバーセキュリティにおいても、大量のデータを処理してパターンを見つけ、パターンから外れた振る舞いを見つけることが得意なＡＩや機械学習は活用されています。サイバー攻撃を検知するには、社内ＩＴネットワーク内の通常とは異なるログインや通信状態を見つけなければなりません。社内で使っているサイバーセキュリティ製品やサービスから日々上がってくる大量の情報やアラートを人間が肉眼で見続け、ちょっとした違いに必ず気付くようにするのには無理があります。第三章で触れたように、アラート疲れに陥るからです。それならば、疲れを知らず、大量の情報からパターンを見出し、パターンからずれたログインや通信状態を検知するのが得意な機械学習にサイバー攻撃の検知を任せた方が効率的です。

一見完璧に思える機械学習ですが、入力するデータが間違っていれば、分析結果も当然間違ったものになるので注意が必要です。機械学習によってウイルスの分析を正確に行うには、どのデータがコンピュータウイルスで、どのデータがウイルスではないか最初に人間が機械に教えなければなりません。この最初の段階で間違ったデータを入れてしまうと、機械学習を使ったウイルス分析は正しいものではなくなってしまいます。

恐ろしいシナリオは、攻撃者がサイバーセキュリティ企業のネットワーク内に侵入し、機械学習に使うデータを改竄してしまうことです。データを改竄しなくても、ウイルスの分類方法を攻撃者が把握してしまえば、次回から自分たちが使うウイルスにその技術的特徴を入れないように努めることでしょう。

機械学習やAIを守る側にも、データを防御するサイバーセキュリティが必要な理由について、もう少し掘り下げてみます。

皆さんにとってより想像しやすいシナリオは、自動運転でしょうか。自動運転車が安全に走れるには、センサーで周囲の物や人、交通標識を正確に認識できることが条件です。ところが、「停止」の交通標識に細工したステッカーを貼ると、自動運転車の画像認識モデルが「速度規制」と誤認識してしまう危険性があるのです。米ワシントン大学コンピュータ科学学部セキュリティ・アンド・プライバシー・ラボの二〇一七年の研究で明らかにされました。

困ったことに、攻撃者もAIと機械学習を使うようになりました。AIと機械学習を悪用したサイバー攻撃の例としては、大量のデータを送りつけて標的のサーバーやウェブサイトをダウンさせるDDoS攻撃の実施や、フェイスブックやリンクトインなど、SNSのオンライン情報を元に相手に合わせてフィッシングメールを自動作成することなどがあります。

その他にも、従来のウイルスに少し手を加えて改良したり、ITシステムの脆弱性を探すことにも、AIや機械学習が使われています。

AIや機械学習はサイバーセキュリティ業務の一部を自動化し、現場の人材の負担を軽減してくれます。その一方で、攻撃者もAIと機械学習を使ってサイバー攻撃を「効率化」させています。攻撃者との終わりなき戦いではありますが、守る側も諦めず、AI・機械学習を活用しつつ、サイバー攻撃によるデータの改竄や窃取を防ぐ努力を続けていかなければなりません。

リスクの一部をサイバー保険で転嫁

しかし、多層防御やＡＩを活用したサイバーセキュリティ対策で最善を尽くしたとしても、残念ながらサイバー攻撃のリスクはゼロにはなりません。攻撃者がサイバーセキュリティ対策の盲点を突いて被害をもたらすことは、どうしてもなくならないのです。残ったリスクを転嫁する手段の一つが、社内のＩＴシステム構築・運用をクラウドに移すことです。サイバーセキュリティ人材が少ない中小企業では、クラウド事業者と契約を結び、サイバーセキュリティ対策を打ってもらうだけでなく、管理責任の一部を取ってもらえるようにすることを進めています。

もう一つの転嫁手段が一九九七年に米国で誕生したサイバー保険です。サイバー保険が補償する内容は、保険の種類によって様々ですが、損害賠償金や訴訟・弁護士費用、原因調査やデータ復旧などに必要な費用、記者会見など風評被害対策に必要な費用、ネットワークの中断に伴う自社の利益損害と営業継続費用などがあります。

日本でもサイバー保険の販売は二〇一三年に始まりましたが、図表５－３にあるとおり、まだまだ知名度が低い状況です。日本企業で保険の加入を検討する部署は多くの場合、総務

図表5-3　サイバー保険への加入状況

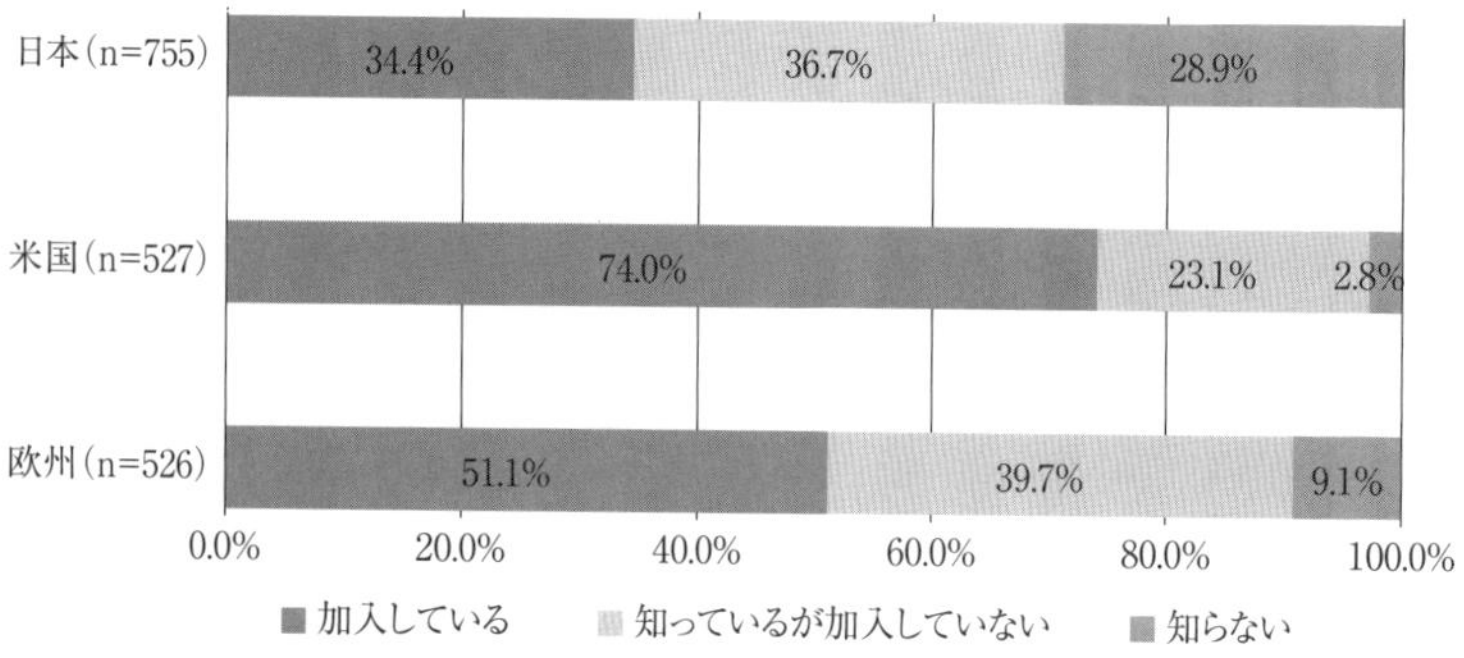

出典：IPA「企業のCISOやCSIRTに関する実態調査2017 －調査報告書－」、p.88（https://www.ipa.go.jp/files/000058850.pdf）

部門または経理部門であり、サイバー攻撃が企業決算や事業に多大な影響を及ぼしかねない経営リスクであることが必ずしも理解されていません。一方、サイバーセキュリティを担当する情報システム部門では、サイバー保険の導入が自分たちの日々取り組んでいるサイバーセキュリティ対策への信頼性や業務自体を否定しているかのように受け取られてしまいかねないため、サイバー保険加入の判断が難しいという課題を抱えています。

一八年にサイバー保険を導入したとある大手日本企業の場合、導入の判断はCROが行いました。会社横断で事業リスクを見て、リスク管理に責任を負える立場の人が意思決定に加わることが不可欠です。

一方、年商二〇〇〇億円くらいの規模の米国企業であれば、「リスクマネージャー」がいて、組織横断的に会社が直面しているリスク全体を把握し、サイバー保険や損害保険、生命保険を含め様々な種類の保険を買うことでリスクを転嫁できるかどうか決定し、予算を執行できます。リスクマネージャーのいる部署は会社によって異なりますが、半数は最高財務責任者（ＣＦＯ）の下におり、法務責任者やＣＲＯの下にいる場合もあります。

日本企業でも、海外企業の買収・合併をして、海外の子会社からの要請を受けてリスクマネージャーを保険会社や保険ブローカー会社から雇い入れるケースが一六年頃から見られるようになりました。しかし、日本企業の場合、欧米企業のようにリスクに合わせて予算が決められるとは限りません。新たなリスクが見つかり、リスク転嫁のために保険を買うと決定したとしても、予算を追加するのではなく、既に買っている保険のカバー内容を整理して、他の保険につける予算を削った分で新しい保険を買うことがまだまだ多いのです。

日本でサイバー保険を普及させていくには、利用者である一般企業がビジネスリスクとしてのサイバー攻撃とサイバー保険についての理解を深めることも大切です。また、保険会社側も、新しい分野であるサイバーセキュリティについて知識を持ち、サイバー保険とビジネスリスクの関係について一般企業の担当者に説明できるようにならなければいけません。

サイバー攻撃に悩まされ続けてきた日本の二一世紀

これから日本がサイバーセキュリティにおいて何をしていくべきか考えるためには、まず日本の現状を知る必要があります。今までの日本のサイバーセキュリティの歴史を簡単に振り返ってみましょう。

日本がサイバーセキュリティ体制を強化するきっかけとなったのは、二〇〇〇年一月の科学技術庁や総務庁などの中央省庁や外郭団体のホームページ改竄事件です。セキュリティ対策を怠っていたとして、マスコミが大きく取り上げました。

この事件をきっかけに、日本政府のサイバーセキュリティ強化が進み、現在、日本のサイバーセキュリティ政策作りや、官民連携、国際連携や重要インフラ防御を担っている内閣サイバーセキュリティセンター（NISC《ニスク》）の前身である内閣官房情報セキュリティ対策推進室が二〇〇〇年二月に設置されました。また、〇一年四月には警察庁がサイバーテロ対策技術室（通称、サイバーフォースセンター）を設置し、重要インフラへのサイバー攻撃を二十四時間態勢で監視、重要インフラ事業者と連携した対策を取るようになったのです。

しかしサイバー攻撃やサイバーセキュリティという用語が人口に膾炙《かいしゃ》するきっかけとなったのは、三菱重工業が一一年八月にサイバー攻撃を受けていたという翌月付の読売新聞の記事でした。原子力発電プラント、潜水艦、ミサイルなどの研究・製造拠点計十一カ所のコンピュータ約八十台が、外部からのサイバー攻撃によってウイルス感染してしまったことが明らかになったのです。十一月の三菱重工業の発表によると、防衛や原子力に関する保護すべき情報の流出は認められなかったとのことでした。なお、このサイバー攻撃に使われたウイルスのプログラムには中国語が使われていたとのことです。一三年、本件は容疑者不詳のまま不起訴処分となってしまいました。

この読売新聞の記事を契機に、日本の新聞やテレビによるサイバー攻撃とサイバーセキュリティに関する報道の頻度は増えました。一般の人もサイバー攻撃とサイバーセキュリティという言葉を見聞きする機会が生まれたのです。とは言え、「軍事に関する情報なら狙われるかもしれないが、それ以外の企業にはそんな機密はないから大丈夫」という考えが一般企業にはまだまだ根強く、この三菱重工業の事件が日本人のサイバーセキュリティの認識をすっかり改めるまでには至りませんでした。サイバー攻撃は、多くの日本人や日本企業にとってまだまだ他人事だったのです。

「サイバー攻撃は、一般企業のビジネス活動や一般市民の生活にも影響を及ぼし得るものだ」と日本人が認識を改め始めたのは、一三年三月に隣国、韓国で発生した大規模サイバー攻撃の時です。韓国で三つの放送局と三銀行のコンピュータシステムがサイバー攻撃を受けて一斉に停止し、起動できなくなってしまいました。韓国政府と米国政府はこのサイバー攻撃を行なったのは北朝鮮の偵察総局だったと見ています。

被害を受けた銀行の一つでは、当初ATMの半数弱がダウンする事態となり、二日後の午前六時になってようやく八割弱が稼働するようになりました。被害を受けた放送局の文化放送は、コンピュータとネットワークの麻痺により、社員個人の私用ノートパソコンや携帯電話を使って業務を続けました。

日常生活にも支障を来した韓国の様子を目の当たりにした日本では、「サイバー攻撃はどの業種でも起こり得る」「サイバー攻撃でビジネス活動や日常生活に支障が発生し得る」との危機感が芽生えました。しかし、残念ながら、この危機感はそれほど長くは続きませんでした。

日本のサイバーセキュリティ史上、国家の政策面で最も大きな影響を及ぼした出来事は、二〇一三年九月の二〇二〇年東京での夏季オリンピック・パラリンピック開催決定でしょう。五輪の成功にはテロ対策などリアル世界のセキュリティと、電気、水道、五輪関連施設やウェブサイトなどのインフラがきちんと稼働するためのサイバーセキュリティが必要不可欠です。開会式には国家元首などのＶＩＰ、開催期間中には世界中のマスコミと観光客がやってきます。普段以上に世界の注目が集まる中、開会式や競技の生放送を妨げるサイバー攻撃があれば、日本のセキュリティ体制の評判に大きなダメージとなります。

五輪の成功に向けて官民それぞれでサイバーセキュリティ対策の強化が始まりました。そんな中、一四年七月に明らかになったベネッセの三千五百万件の個人情報漏洩事件は、企業の情報漏洩対策を改めて日本に問いかけるものでした。

情報漏洩させたのはベネッセの下請け企業の元社員でした。この元社員は、会社のコンピュータのＵＳＢポートで私物のスマートフォンを充電している際、ＵＳＢメモリにはデータの書き出しができなくても、スマートフォンならできることをたまたま知ってしまったのです。元社員は、その発見を悪用し、スマートフォンに顧客情報データベースの情報を転送しては、名簿業者に転売するようになりました。

ベネッセはセキュリティ会社に情報システムの監視を委託していたお陰で、情報漏洩が外部からのサイバー攻撃によるものではないことにすぐに気付くことができました。また、顧客情報データベースへのアクセスログを保管していたため、元社員による情報持ち出しだったことが特定できたのです。このベネッセの事件以降、サイバー攻撃による被害が起きても、その経路や原因を後で正確に把握できるようにするための監査ログ収集用ソフトウェアが日本で注目されるようになりました。

東京五輪開催決定後、国レベルでサイバーセキュリティを底上げする努力も開始されました。第三章で述べたように、一七年には総務省と経済産業省がそれぞれ人材育成のためのセンターを作り、研修を続けています。

こうした地道な努力が続く中、もう一度日本のサイバーセキュリティ体制について再考を促したのが、一七年五月に世界中で猛威をふるった「ワナクライ」と呼ばれるランサムウェア（身代金要求型ウィルス）です。百五十カ国以上で二十三万台以上のコンピュータにこのランサムウェアが感染したことで、コンピュータやデータが使えなくなった病院、鉄道、工場などの業務に大打撃が及びました。例えば英国の一部の病院では、手術をキャンセルしたり、救急車の行き先変更を迫られる大変な事態となりました。予約だけでも一万九千件キャンセルになっています。

日本でも、日立グループでメールの送受信や添付ファイルが開けなくなるなど一時影響が出ました。同年六月には、ワナクライ感染でホンダの狭山工場の操業が一時停止、車約千台の生産に影響が出ました。

日本の大企業で業務継続性に支障の生じるサイバー攻撃被害が出たため、ワナクライの感染事件は国内でも大きく報じられ、強い危機感が企業間に広がりました。また、日立の感染源が何とドイツにあるグループ会社の事業所だったことを受け、日本国外にある規模の小さな子会社のサイバーセキュリティをどう確保するかも悩ましい問題として認識されました。

ワナクライの事件が起きた一七年は、日本企業の経営グローバル化が一層進んでいた時期でした。少子高齢化に伴い、日本企業は一四年以降、縮小傾向にある国内市場から海外市場に目を転じ、海外企業の合併・買収を拡大し続けています。文化も言語も違う海外子会社と日本の本社との間で、いかにサイバーセキュリティ対策を連携させていくか、日本企業にとって非常に頭の痛い問題です。

グローバル化により複雑になったガバナンス問題

日本企業にとってグローバルガバナンスの整備が急務となる中、大きな課題の一つがサイバーセキュリティです。どのグローバル企業も直面している課題ではありますが、図表5-4に示すように、日本企業の方が欧米の企業よりも海外子会社のサイバーセキュリティ対策の現状を把握し切れていないという問題はあるようです。

問題を複雑化しているのは、国によってサイバーセキュリティへの意識も関心も予算もバラバラなことです。アジアだけ取ってみても、国によってサイバーセキュリティ体制にかな

図表5-4

海外拠点（系列会社を含む）のセキュリティ対策の把握状況（拠点なしを除く）

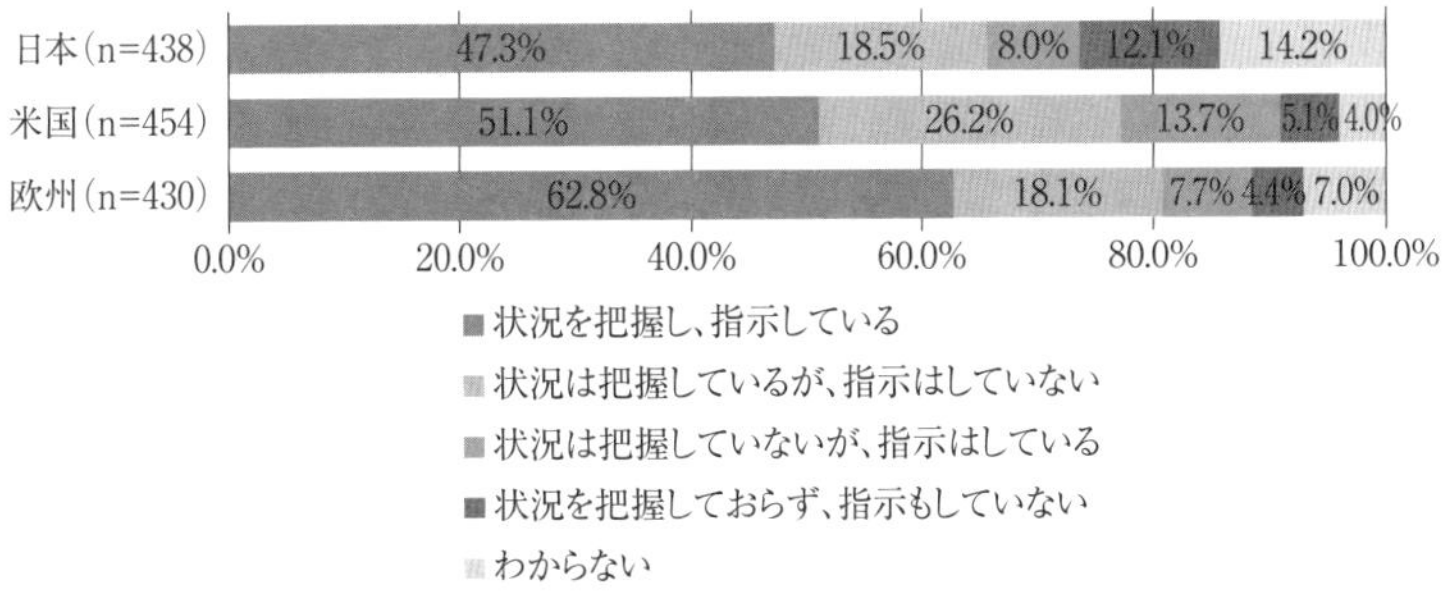

出典：IPA「企業のCISOやCSIRTに関する実態調査2017 －調査報告書－」、p.26
(https://www.ipa.go.jp/files/000058850.pdf)

りのばらつきがあります。例えば、アジアの一部の国々では業務上のやり取りはメールだけでなく、スマートフォンのメッセージ通信アプリで行います。こうしたアプリの使用を禁じれば、顧客とのコミュニケーションに支障が生じます。一方、アプリの使用をなし崩し的に許せば、どんな情報が外部とやり取りされているのか企業側に記録が残らず、情報漏洩があった時でも調査が難しいという問題が生じます。

この問題に対処するには、やはり各企業がサイバーセキュリティのリスクを「可視化」するしかありません。業務用パソコンだけでなく、業務に使うスマートフォンでも、社員が仕事でフェイスブックなどどういうアプリを使っているのか、そのアプリでどういう情報を外部とやりとりしているのか、ＩＴネットワークを監視する必要があります。業務でＳＮＳに書き込みをしなければいけない社員は広報など限られているはずです。地域ごとのビジネス文化の違いを本社は理解する必要がありますが、全てのアプリの利用を社員に許可する必要はありません。社員の職務に応じて、必要ないアプリでの通信はファイアウォール機能でブロックするべきです。

さらに、社員全員へのサイバーセキュリティ教育も不可欠です。その際には、サイバー脅威インテリジェンスを活用し、自社の業種や地域へのサイバー攻撃の傾向を分かりやすく、ストーリーとして発信しなければなりません。

規模の小さい子会社や発展途上国にある子会社の場合、サイバーセキュリティのための予算も人手も少なく、対策強化が難しいという悩みはよく耳にします。かといって、子会社に本社からサイバーセキュリティ製品やサービスを購入して渡せば、利益供与、脱税行為と見なされかねません。そのため、本社がサイバーセキュリティのサービスを子会社にビジネスとして売り、子会社は本社に使用料を払うことで企業グループ全体のガバナンスを確保しようとしている会社もあります。

サイバー攻撃被害が報じられないと意識低下？

日本の大企業は、二〇一五年頃から一八年にかけて少しずつサイバーセキュリティ予算を増やしてきました。しかし、一七年五月のワナクライの大規模感染、同年十二月のビジネスメール詐欺による三億円以上の被害の後、二〇一九年に至るまで日本国内でサイバー攻撃の大きな被害が報じられなくなりました。すると、一八年後半から一九年にかけて、再び経営層のサイバーセキュリティ意識が下がり始め、サイバー攻撃のリスクや対策について経営会議で議論する企業が減ってきたのです。

日本企業のサイバーセキュリティの特徴は、他の企業が取っていないレベルのサイバーセキュリティ対策はしないという横並び志向です。日本企業の七割以上が「同業種や同規模の企業と同じレベルのサイバーセキュリティ対策ができていれば良い」と思っている、という衝撃的な調査結果が一六年、内閣サイバーセキュリティセンターによって明らかにされました。

確かに、同業種の企業に対してどのようなサイバー攻撃が行われているのかを知ることは、サイバー攻撃への対策を練る上で有益です。しかし、たとえ同業種であってもITネットワークの構成が異なるため、求められるサイバーセキュリティ製品やサービスの種類、性能、量は違います。また、同規模の企業であっても、晒されているビジネスリスクの種類も、持っている資産も異なるため、サイバーセキュリティに割ける予算は当然違うでしょう。どのサイバーセキュリティ製品やサービスの使い勝手が良いかという他社の口コミ情報は多少役立つかもしれませんが、「同じレベルのサイバーセキュリティ対策」というものは存在しません。

横並びで他社と同じようなレベルという幻想を追い求めても仕方がないのです。限られた予算の中で、より効率的・効果的なサイバーセキュリティ対策のために製品・サービスを使い、社内のサイバーセキュリティチームの負担を軽減した方が、よほどサイバー攻撃に対して有益です。特にＩＴ・サイバーセキュリティの世界では技術の陳腐化のサイクルが短いため、「今までこの製品を使ってきたから」という前例主義ではサイバー攻撃に太刀打ちできません。

せっかく、一五年から三年ほどは、日本のサイバーセキュリティの予算が増え、経営層の意識が高まりつつあったにもかかわらず、それが長続きしなかったのは非常に残念でなりません。

一時的にせよ、サイバーセキュリティ意識が高まり予算も増えたのには、次の五つの理由があります。

第一に、ＩＴ製品の価格が下がってきたためです。以前は、ＩＴ予算のうちＬＡＮスイッチやルーター、サーバーなどのＩＴインフラを構成する製品の購入が大きな割合を占めていたのですが、こうしたＩＴ製品の価格が最近下がってきたことで、その分をサイバーセキュリティ対策に充当しやすくなったと考えられます。

第二に、前述したように、一七年に発生したワナクライというランサムウェアの大規模感染被害が日本でも発生したことを受け、メールや工場の機能停止という企業の事業継続性にとって悪夢のシナリオが大きく報じられたからです。同年末には、ビジネスメール詐欺による三億円以上もの被害をメディアが報じました。この二つの事件を受け、「サイバー攻撃による被害が出る前に感染を食い止めなければ、事業継続性や企業のブランドに大打撃となる」「被害がたとえ出たとしても、それを早急に把握し、最小限に食い止めなければいけない」という社会的プレッシャーが経営層の間で意識されるようになったのです。

第三に、扱うデータ量の爆発的増加に伴うクラウドの利用増加です。社内で使う情報やアプリを一部でもクラウドに置くようになったことで、ITとサイバーセキュリティのあり方の全体的な見直しが進むようになりました。

第四に、デジタル技術が事業の重要な柱になってきたことを機に、その事業プロジェクトにサイバーセキュリティを初めから組み込む企業が増えてきたことです。デジタル技術が活用されている業界は、ゲーム業界、製造業の自動化、流通業における配達時間の最適化のためのビッグデータの活用、コネクテッドカーなど、枚挙にいとまがありません。以前であれば、ネットワークとサーバーありきでサイバーセキュリティは後付けでした。しかし、最近はサイバーセキュリティをどうするべきかを考えた上でネットワークやサーバーを設計するようになってきました。

第五に、個人情報保護に関する厳しい規制であり、違反すると高額な制裁金が科されることで知られるEUの「一般データ保護規則（GDPR：General Data Protection Regulation）」が一八年五月から施行されたことです。欧州経済領域（EU加盟二十八カ国およびアイスランド、リヒテンシュタイン、ノルウェー）に所在する個人情報が対象になります。国籍や居住地に関係なく、この三十一カ国への旅行者や出張者の個人情報も含まれ、これらの個人情報を域内から第三国へ移転や処理する全ての組織が対象です。ヨーロッパに支社や顧客のいる日本企業もこの規制の対象となり、個人情報を守るための適切なサイバーセキュリティ対策が求められるようになりました。

ＧＤＰＲの特徴は、従来よりも制裁金がかなり高額になったことです。例えば、個人情報保護に厳しいドイツでも、個人情報漏洩事故などの違反に対する制裁金は、今まで最高で三〇万ユーロ（三六〇〇万円）でした。一方、ＧＤＰＲの場合、違反への制裁金は最大で企業の全世界年間売上高の四％または二〇〇〇万ユーロ（二四億円）のいずれか高い方です。

なお、ＧＤＰＲが施行されたその日のうちに、プライバシー保護を専門とするオーストリアの非営利団体がフェイスブックとその傘下の写真共有アプリのインスタグラム、メッセージアプリのワッツアップ、そしてグーグルのアンドロイドをＧＤＰＲ違反で提訴しました。この非営利団体の提訴理由は、「これらの企業は利用者の個人情報を使い続けるために、利用者に対して新しいプライバシーポリシーへの同意を強制しており、明らかにＧＤＰＲを侵害している」というものです。もしこの非営利団体が裁判で勝てば、フェイスブックとその傘下企業には合計三九億ユーロ（四六八〇億円）、グーグルに三七億ユーロ（四四四〇億円）の罰金が科せられることになります。一九年一月、フランスのデータ保護機関はＧＤＰＲ違反でグーグルに五〇〇〇万ユーロ（六〇億円）の制裁金の支払いを命じました。これは、米国大手ＩＴ企業に対してＧＤＰＲに基づいて行われた初の制裁事例です。こうしたヨーロッパの動きを受け、グローバル市場で戦う日本企業についても、厳しい規制に対応した今まで以上のサイバーセキュリティ対策が求められるようになりました。

しかし、日本企業でいまだに顕著に見られる傾向は、サイバーセキュリティ対策を大きく見直すサイクルをコンピュータやサーバーの減価償却期間の三〜五年に合わせている点です。サイバーセキュリティの世界では、三〜五年も経てば技術が陳腐化します。減価償却期間ありきでＩＴシステムの大幅入れ替えに合わせて新たなサイバーセキュリティ対策について検討すると、導入後の数年間に優れた、業務の効率化を促進するサイバーセキュリティ技術が市場に出ていたとしても、それを使う機会を逸してしまうことになるのです。

減価償却期間抜きで日本企業がサイバーセキュリティ対策について抜本的に見直すのは、ランサムウェアなどサイバー攻撃による大規模な被害が判明した時です。その後、場当たり的な対応に終わらせず、社内のサイバーセキュリティを抜本的に見直し、強化できるかは、経営層のサイバーセキュリティへの理解と共にそのリーダーシップにかかっています。

今後のサイバーセキュリティ対策に向けて問うべきこと

多くの日本企業は、不幸にしてサイバー攻撃による大規模な被害を受けると、サイバーセキュリティの強化を一挙に進めます。ところが、被害を受けてから二、三年経つと喉元過ぎて熱さを忘れ、危機感が薄れてしまいがちです。それではせっかくのサイバーセキュリティ対策が元も子もありません。それを避けるためには、やはり経営層が事業リスクを管理する上でサイバー攻撃もビジネスリスクとして捉えると宣言し、社内に周知徹底することが必要です。現場のＣＳＩＲＴや情報システム部門の社員だけでは、他の部署の協力を得ることは不可能だからです。

まずは、経営層の指示の下、自社で絶対に守らなければいけない大切な情報は何か、ＣＩＳＯと情報システム部門が調べてみることです。顧客情報なのか、株主情報なのか、製造技術情報なのか、明らかにしてみて下さい。これが把握できていないと、全てのＩＴシステムをガチガチに守ろうとするあまり、結局あぶはち取らずになって、サイバーセキュリティが結果的に破綻してしまいます。

次に社内のサイバーセキュリティの現状を知るために、ＣＩＳＯと情報システム部門でリスク分析をしてみることをお勧めします。守らなければいけない大切な情報がきちんと守られているか確かめ、分析結果を経営層と共有し、今後必要な対策や予算について相談するのです。

このリスク分析を初めてする際に大切なのは、欲張って重箱の隅をつつくような細かい調査をせずに、二つか三つ程度のシナリオに留めておくことです。この時参考になるのが、やはりサイバー脅威インテリジェンスです。例えば、最近世界で蔓延しているランサムウェアがあれば、その対策が自社でできているか。ビジネスメール詐欺であれば、サイバーセキュリティ対策や振込先の急な変更通知に対応する際の経理部門の手順が周知徹底されているかを確認します。また、業界内で最近増えているサイバー攻撃の種類に対して、自社が対策を取れているかも要確認です。

「たった二つか三つ？」と思われるかもしれませんが、「自社で絶対に守らなければならない情報は何か」「ビジネスメール詐欺の対策はできているか」「最近流行しているランサムウェア対策はできているか」といった質問に答えるだけでも、会社全体の（グローバル企業であれば、海外子会社も含めて）コンピュータ、サーバー、ネットワーク環境を把握しなければならず、何日もかかる作業のはずです。私用パソコンや私用携帯電話、会社が承認していないファイル共有アプリが社内の専用ネットワークに繋がっていないかも、チェックしなければいけません。社員同士で勝手に業務文書をファイル共有アプリでやり取りしていれば、それがサイバーセキュリティの落とし穴になってウイルス感染しても、会社にはそのリスクそのものが見えていないからです。リスクを経営層と共有する上で役立つのが、前述したリスク委員会やヒートマップです。

せっかくのシナリオ分析の結果を現場レベルだけでなく、経営層レベルでも活用するには、以下の問いに答え、サイバーセキュリティ人材の体制や万が一被害を受けた時の対応策が既に決まっているかどうか確認する必要があります。こうした問いに答えることで、自社で取り組むべきサイバーセキュリティ上の課題が浮き彫りになり、次に取るべき対策が見えてくるでしょう。

・経営層がサイバー攻撃や事業への悪影響を含めた事業リスクの管理を後押ししているか？
・サイバー攻撃を含めたリスク評価を毎年実施し、現在のリスクとあるべきリスク管理の差がどこにあるか把握しているか？　また、見つかった差を経営層が把握し、それを埋めるために必要な予算をリスク管理部門や情報システム部門などに与えているか？
・多層防御は、日々新しく生まれるコンピュータウイルスや脆弱性にも対応したものになっているか？
・ＡＩ・自動化技術、社内のコミュニケーションの活用により、現場の社員の負担とストレスを軽減しているか？
・現場の社員の自己研鑽や業務の効率化、評価基準といった環境が整えられているか？
・サイバー脅威インテリジェンスを、現場の日々の業務効率化だけでなく、ストーリーとして経営層と一般社員の意識向上に役立てているか？
・海外子会社を含め企業全体のサイバーリスクの現状を、サイバーセキュリティの責任者（最高情報セキュリティ責任者であるＣＩＳＯなど）が経営層に定期的かつ数値も交えて分かりやすく説明しているか？
・万が一、サイバー攻撃の被害に遭ったことが発覚した場合、まず何をすれば良いのか（感染したコンピュータ端末の隔離など）把握しているか？
・万が一、サイバー攻撃の被害に遭ったとしても、業務への影響を最小化できるような対策（データのバックアップ、手動での最低限での業務の代替措置など）を取っているか？
・万が一、サイバー攻撃の被害に遭った場合、データ復旧作業を含め、通常業務に戻るために必要な作業、費用のほか、顧客や取引先、監督官庁、サイバーセキュリティ企業など連絡先を把握しているか?

経営層の支援と理解なくして、ＣＩＳＯや情報システム部門がリスクを多層防御で減らし、サイバー保険で転嫁していくことは不可能です。経営層が「サイバー攻撃はビジネスリスク上の課題であり、事業戦略としてサイバーセキュリティに取り組む」という強い決意を持ち、その意識を情報システム部門以外の事業部にも共有しなければ、サイバー攻撃のリスクは絶対に減ることはありません。

こうした問いかけを定期的に行い、社内のリスクとサイバーセキュリティ体制を見直し、改善し、強化していく、そのサイクルをループ状に地道に繰り返していくことが、社内の、そして日本のサイバーセキュリティ強化に繋がるのです。

あとがき

この本を手に取って下さった皆さんは、今日も、オンライン記事や自社、競合他社などのウェブサイトをチェックし、あるいはオンラインショッピングやＳＮＳの投稿を楽しみ、メールで大事なメッセージを送受信されたことでしょう。しかし、何気なく日々使っているＩＴの背後には、ＩＴのボーダーレス性と利便性を悪用した攻撃者が変幻自在にうごめいています。

攻撃者は、密かにスキルを磨き、情報を共有し、新たな攻撃計画を練りつつ、卑怯卑劣なスパイ活動、情報戦、妨害活動を仕掛けてきています。残念ながら、ＩＴの存在する限りサイバー攻撃がなくなることはありません。それどころかサイバー攻撃の世界は、日々刻々進化を遂げています。対する私たちも、決して諦めず、見えない敵と対峙して、リスクを可視化し、サイバー脅威インテリジェンスを活用して多層防御で備え、隙を減らして戦い続けていくことが必要です。

サイバー攻撃で大きな被害を受けた組織は、サイバー攻撃の恐ろしさに震撼し、今までのサイバーセキュリティ対策を抜本的に見直して、予算も増やします。しかし、一度、事件が沈静化し、二、三年経つと危機感が薄まりがちです。一方、攻撃者は進化を続けるので、防御側と攻撃側のレベルの乖離は大きくなるばかりです。

しかも第三章でご紹介したように、国民一人当たりのサイバーセキュリティ市場の規模を比較すると、日本は米国の三分の一、英国の半分以下、ドイツの七割に過ぎません。攻撃者は侵入しやすいところからサイバー攻撃を仕掛けます。日本は米英独を含め様々な国と経済、貿易、安全保障上の協力関係にありますが、日本から貴重な情報が盗まれてしまえば、海外との信頼関係にも大打撃です。そうした事態を防ぐには、予算額の見直しも求められるでしょう。

一にも、二にも、脅威に関するインテリジェンスの収集と分析、リスクの見える化、対策を意思決定し、アクションに移す人材が必要であり、その業務の負担を減らす自動化技術を使った製品運用が必要です。その循環を絶え間なく続けていかなければ、攻撃者との戦いに屈してしまうことになります。もし社内で人材が確保できないのであれば、社外の専門家の力を借りて防御力を上げるべきです。

本書では紙面の都合上触れられませんでしたが、増え続けるモノのインターネット（IoT）のセキュリティをどう確保するか、次世代のサイバーセキュリティ人材を学校でどのように育成するかなど、サイバーセキュリティ上の課題はまだまだ山積しています。

サイバーセキュリティ人材は、少ないリソースの中、苦労しながら組織を守ろうと日々奮闘していきます。最前線で攻撃や攻撃者と戦っている彼らをどうか応援して下さい。

その一方で、産業横断サイバーセキュリティ人材育成検討会といったポジティブな動きが日本でも見られるようになってきました。このせっかくの素晴らしいうねりをさらに大きくし、持続させていくためには、ＩＴを使う全ての人が、サイバーセキュリティの仕事にたとえ直接携わっていなくとも、少しでも関心を持ち、サイバーセキュリティ体制の強化を後押しして下さることが不可欠です。

サイバーセキュリティは、現在の私たちが安心安全に生活し、仕事を続け、日本という国を守っていく上での要諦です。この大事なサイバーセキュリティに関する課題や解決策について、皆様にもっと興味を持って頂けるよう国内外の最新情報を今後も発信して参ります。一緒に戦っていきましょう。

謝辞

この本の執筆・出版にあたりましては、NTTの上司・同僚を始め、多くの方々のご助言とご尽力を賜りました。諸般の事情により、全ての方のお名前をここに挙げることはできませんが、お世話になりました皆様にこの場を借りて心より御礼申し上げます。

相部卓也様、安達雅之様、阿部慎司様、天野隆様、荒金陽助様、荒川大様、マイク・イップ様、宇佐見泰司様、ジェシカ・ウッドオール様、ジョン・カーチ様、粕淵卓様、河崎素子様、川村亨様、スー・キム様、木村正人様、トム・クリードン様、デーブ・クレメンテ様、ダン・ケリー様、ジョン・コンドラ様、佐々木弘志様、佐藤徳之様、スコット・ジャーカフ様、リオール・タバンスキー様、丹京真一様、中江透水様、畑田充弘様、羽田大樹様、ジョン・ピートリー三世様、平田真一様、ニッキー・フォレスター様、藤井大翼様、クリスタル・プライヤー様、古澤祐治様、サラ・ホジャット様、本川祐治様、横浜信一様、誠にありがとうございました。

恩師・藤原正彦先生には、学生時代より激励・助言を賜り続けてきました。改めて御礼申し上げます。

また、新潮社の横手大輔様と正田幹様のご支援に深謝申し上げます。

今まで支え続けてくれた家族にも感謝を伝えたいと思います。

本書に記された見解は筆者個人のものであり、過去及び現在の雇用主の立場を代表したものではありません。内容に誤りが含まれている場合は、筆者の責任に帰します。

なお、サイバー攻撃の事例には、毎日新聞のウェブサイト「経済プレミア」に筆者が連載した「サイバー攻撃の脅威」から一部、加筆・修正して収載しました。

目的	攻撃の種類	攻撃者	事例	対策	参照
社会混乱	偽ニュースの拡散	政府 個人？	・2013年、AP 通信のツイッターアカウントが乗っ取られ、「ホワイトハウスで2回爆発があり、オバマ大統領負傷」と偽ニュースが拡散。その直後に2分間でダウ平均株価が100ドル以上下落 ・子供の安全対策のためにパキスタン政府が作ったキャンペーンビデオの一部を加工した偽映像が、2018年にインドで拡散。インド人の子供を狙っている誘拐犯と勘違いされた無辜の市民20人以上が、怒った民衆に撲殺されるという惨事に	・メディア・SNS 企業による偽情報への対処方針の確立 ・インテリジェンス ・SNS 利用者のリテラシー向上	
選挙介入	ネット広告 SNS での情報拡散	政府	・2016年の英国の EU 離脱を巡る国民投票時に、ロシアとイランによる偽ツイート拡散 ・2016年、米大統領選へのロシア介入 ・2018年の台湾統一地方選前の中国による SNS での偽情報拡散。選挙前に台湾当局は偽情報を拡散した容疑者数人を逮捕	・メディア・SNS 企業による偽情報・偽アカウントへの対処方針の確立 ・候補者・政党など選挙関係者の多層防御 ・政府による対抗戦略の作成・発表による抑止 ・インテリジェンス ・SNS 利用者のリテラシー向上 ・法整備	第1章 p.61
世論の分断	SNS での情報拡散	政府	・2018年の米フロリダ州・高校銃乱射事件後のデマ情報拡散 ・2018年の台風21号の影響で旅行客ら約8000人が関西国際空港に取り残された際、「中国の総領事館が用意したバスが関空に入り、中国人を救出した」とのデマ情報が中国の SNS で拡散。台湾人への支援が不十分だと非難が殺到した台湾の台北駐大阪経済文化弁事処の処長（総領事に相当）が自殺した。家族宛の遺書には批判を苦にするような内容が書かれていた。2019年の「国境なき記者団」の報告書には中国政府による情報操作だったと書かれている	・メディア・SNS 企業による偽情報・偽アカウントへの対処方針の確立 ・SNS 利用者のリテラシー向上 ・インテリジェンス	第1章 p.59
軍事活動との組み合わせ	敵国へのサイバー諜報活動 敵国の武器・装備の性能低下	軍・情報機関	・2007年、イスラエル国防軍がシリアの建設中の原子炉を空爆した際、シリア軍レーダーにイスラエル戦闘機映らず ・2008年のジョージアとロシアの軍事衝突で、ジョージア政府機関と重要インフラ企業のウェブサイトに DDoS 攻撃 ・2019年、イスラエル国防軍がハマスのサイバー攻撃を阻止し、サイバー攻撃を行っていたガザ地区の建物を空爆	・リアル世界とサイバーセキュリティー上の多層防御 ・インテリジェンス	第2章 p.95 第1章 p.49

参考資料：主要サイバー攻撃、攻撃者、対策別まとめ（2002年以降）

目的	攻撃の種類	攻撃者	事例	対策	参照
いたずら	ウェブサイトの改竄	個人の愉快犯	・2002年の米少年2人による米国政府機関・企業のウェブサイトの改竄	・多層防御	
イデオロギー・政治的メッセージ	ウェブサイトの改竄、DDoS 攻撃	特定のイデオロギー・政治的意図を持った人	・2007年のエストニアの政府機関・企業への DDoS 攻撃とウェブサイトの改竄 ・2012年の尖閣諸島国有化直後の日本政府機関・企業への DDoS 攻撃とウェブサイトの改竄	・多層防御 ・DDoS 攻撃対策サービス ・ボットネット対策 ・インテリジェンス	第1章 p.51
金銭目的	インターネットバンキング不正送金	ハッカー組織	・ネットバンキングのパスワードを盗み、口座から預金を不正に送金 海外では2005年頃から発生 日本でも2013年頃から多発	・多層防御 ・送金履歴のこまめな確認	
	ビジネスメール詐欺	ハッカー組織	・2016年に約50億円を送金させられたオーストリアの航空機部品企業の事件 ・2017年に約3億8000万円を騙し取られた JAL の事件	・多層防御 ・送金先の変更依頼の厳重チェック ・インテリジェンス	第1章 p.27 第1章 p.28
	個人情報の窃取	ハッカー組織	・2013年に最大1億1000万人の顧客の個人情報が盗まれた米小売大手ターゲットの事件	・多層防御 ・インテリジェンス	
	ランサムウェア	政府 ハッカー組織	・2017年、150カ国以上で23万台以上のコンピュータやサーバーがワナクライに感染し、病院、鉄道、工場の業務に障害発生 ・2018年の米アトランタ州政府の事件では事後対応に18億7000万円かかった ・2019年、アルミ生産大手であるノルウェーのノルスク・ハイドロのプラント運用が一部停止し、7500万ドル（82億5000万円）の損失見込み	・多層防御 ・バックアップ ・インテリジェンス	第5章 p.249 第1章 p.38
諜報	個人情報の窃取 知的財産の窃取 安全保障・外交に関する情報の窃取	政府・軍 国家の代理	・10年間、知的財産や事業計画に関する情報がサイバー攻撃で盗まれ続けたカナダのノーテルが2009年に経営破綻 ・2016年、米裁判所は、盗んだ米戦闘機などの情報を中国人民解放軍総参謀部に送っていた中国人ビジネスマンに有罪判決 ・2015年の米連邦人事管理局からの2210万人分の連邦政府職員ら個人情報窃取事件 ・2015年、ユナイテッド航空から数百万人分の米国人旅行者の個人情報が流出 ・2018年、米裁判所は、ロシアの FSB にメールアカウントのハッキング情報を売っていたカナダ人ハッカーに有罪判決 ・2018年のマリオットの3億8300万人分の顧客個人情報窃取事件	・多層防御 ・インテリジェンス	第1章 p.23 第2章 p.119 第1章 p.37 第1章 p.37 第2章 p.105 第1章 p.34
破壊・妨害	製造業・電力など重要インフラ企業、国際イベントに対するサイバー攻撃	政府・軍 テロリスト 国家の代理	・2008年、トルコ北東部の石油パイプラインで内部の圧力が急激に上昇し、爆発。原因がサイバー攻撃であることは、2014年末に初めてブルームバーグによって報じられた ・2009～2010年のイランの核燃料施設でウラン濃縮用遠心分離機が破損 ・ドイツの溶鉱炉破損（時期不明） ・2015年と2016年のウクライナ停電 ・2018年の平昌冬季五輪でチケットのプリントアウトなどが不能に	・多層防御 ・インテリジェンス	第1章 p.42 第1章 p.44 第1章 p.46

松原実穂子《まつばら・みほこ》

早稲田大学卒業後、防衛省にて9年間勤務。フルブライト奨学金を得て米ジョンズ・ホプキンス大学高等国際問題研究大学院（SAIS）に留学し、国際経済及び国際関係の修士号取得の後、パシフィック・フォーラム CSIS にて研究員として勤務。日本に帰国後、日立システムズでサイバーセキュリティのアナリスト、インテルでサイバーセキュリティ政策部長、パロアルトネットワークスでアジア太平洋地域拠点における公共担当の最高セキュリティ責任者兼副社長を歴任。現在、NTT のチーフ・サイバーセキュリティ・ストラテジストとしてサイバーセキュリティに関する情報発信と提言に努める。

サイバーセキュリティ

組織《そしき》を脅威《きょうい》から守《まも》る戦略《せんりゃく》・人材《じんざい》・インテリジェンス

著者　松原実穂子《まつばらみほこ》

発行　2019.11.20
3刷　2022.12.20

発行者　佐藤隆信
発行所　株式会社新潮社
〒162-8711 東京都新宿区矢来町71
電話　（編集部）03-3266-5611　（読者係）03-3266-5111
https://www.shinchosha.co.jp
印刷所　錦明印刷株式会社
製本所　加藤製本株式会社

乱丁・落丁本は、ご面倒ですが小社読者係宛お送りください。
送料小社負担にてお取替えいたします。価格はカバーに表示してあります。

ISBN978-4-10-353031-2　C0030